JN408781

추억
자리에 서서

추억 자리에 서서

차달숙 수필집

해암

파장이 맞는 독자를 만날 수 있다는 희망으로

지난 6월 중국의 서안 낙양 정주지역으로 문학기행을 다녀왔습니다. 당나라의 이름난 시인 이백의 발자취와 백거이와 두보의 능원과 고향을 둘러보면서 세상이 변해도 문학이라는 장르는 남는구나. 100년 후에 읽어도 기쁨과 위로와 희망을 주는 작품이 부러웠고 가슴에 와 닿았습니다.

두보의 묘소 앞에서 인생칠십고래희人生七十古來稀의 뜻을 음미하다 문득 야명조라는 새가 생각났습니다.

야명조는 밤에만 춥다고 웁니다. 밤만 되면 태양이 떠오르는 낮에 집을 지어야지 하다가도 낮에 햇살이 퍼지면 즐겁다고 노래합니다. 그러다 다시 밤을 맞으면서 이를 되풀이 합니다. 해가 뜨면 무엇을 하리라 하다가도 해가 뜨면 해야 할 일을 까맣게 잊는 야명조처럼, 게으름을 피우지 않았나를 반성하였습니다.

이번에 내놓는 수필집 '추억 자리에 서서'는 1999년 첫 칼럼 수필집 '마음 따라 달라지는 인생살이' 2000년 두 번째 칼럼수필집 '성공의 저 언덕을 향해'를 상재한 후 15년만에 내는 세 번째 수필집입니다.

특히 이번 작품집은 2009년 첫 시집 '아내의 텃밭'에 이어 두 번째로 부산문화재단 지역문화예술육성지원사업비를 지원받아 출간하게 되어 영광스럽게 생각합니다. 이런 기회를 마련해준 한국문화예술위원회와 부산시, 부산문화재단에 고마운 마음을 전하면서 지원사업을 확대하여 많은 문인들의 창작의욕을 북돋아 주시기를 간절히 바랍니다.

아무쪼록 "단 한사람이라도 자기 글을 알아주는 사람이 있으면 세상을 바꿀 수 있을 것" 이라는 다산 정약용 선생의 말씀처럼 이 책에서 단 한편이라도 읽는 분에게 잔잔한 감동과 재미를 줄 수 있다면 필자로서 그 이상 바랄 것이 없겠습니다. 내 작품과 파장(코드)이 맞는 독자를 만날 수 있다는 그런 희망으로 나의 글쓰기는 계속 될 것입니다.

끝으로 이 책의 서평을 맡아주신 박양근 지도교수님, 첫 수필집 발문을 써주신 중앙대 문예창작과 감태준 교수님, 첫 시집과 세 번째 시집 서평을 해주신 정영자 문학평론가님, 박희선 회장님을 비롯한 부산수필문인협회문우 여러분이 보내주시는 평소 성원과 지도편달에 감사드립니다.

2015년 8월 1일

지은이 **차 달 숙**

| 차 례 |

Part 1

내가 만난 푸쉬킨

Part 2

나의 애장 수필과 나의 삶

Part 3

광야의 축제

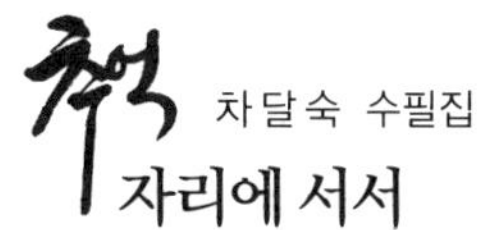

Part 4

갠지스 강의 창녀

추억 자리에 서서

차달숙 수필집

1
내가 만난 푸쉬킨

홑길

오솔길로 접어든다. 아내와 함께 거닐던 길이다. 춘하추동 달라져 가는 한가한 솔밭길을, 편한 숨, 편한 걸음으로 나서는 산책길은 가볍고도 한가롭다.

가을 산에 낙엽이 지고 있다. 곰솔에서 품어내는 솔향이 가슴을 열게 하고 속진을 단번에 쓸어낸다. 풀꽃들이 슬쩍 고개를 내밀고 저마다 자기 이야기 좀 들어 달라고 은밀한 미소를 보낸다. 눈 마주쳐 주어서 고맙다는 표정이다. 풀벌레가 끼어들고 새소리가 멀찍이 따라오기도 한다. 계곡의 물소리도 들린다.

일찍 핀 코스모스가 반긴다. 하늘거리며 가을을 풍요롭게 하는 꽃을 보니 아내 생각이 간절하다. 죽은 아내가 미치도록 좋아했던 꽃이 코스모스다. 살아있는 나는 그 꽃을 볼 때마다 외따롭다는 생각으로 떨고 꽃잎은 아내에 대한 추억으로 흔들린다.

산책길을 걷는다. 우리 부부가 즐겨 찾던 이 길은 시들어 있는 혼에 생기를 불어 넣고, 지친 삶에 활력을 충전시킨 곳이다. 가을이면 이곳에서 우리는 풀 한 포기에서도 생명의 소리를 듣고 낙엽 지는 소리, 새들의 노랫소리, 익은 열매가 바람에 구르는 소리를 들으며 많은 이야기를 나누었다. 때로는 속 좁은 성질로 사소한 일로 삐치기도 하고, 언성을 높인 부부싸움의 현장이기도 하다. 지금 생각해보면 부부싸움은 온통 상처뿐이어서 아픔이 깊을수록 서러운 추억만 남는다.

아내를 보낸 지 4년 6개월이나 되었으니 이제 인연의 줄마저 끊어줘야 할 때가 되었다고 생각하면서도 가슴에서 내려놓기가 쉽지 않다. 귀뚜라미 서럽게 우는 가을 달밤이면 더욱 그러하다. 아내가 병마에 시달릴 때 같이 아파 주지 못했었고, 마지막 가는 그를 보내며 마음껏 울지도 못했다. 언제 다시 오나 묻지도 못한 것이 끝내 아쉬움이 되고 있다. 한없이 눈물에 젖는다.

등나무아래 플라스틱 의자에 앉았다. 나는 계속해서 이야기하고 아내는 듣고 있다. "새아침의 저 생생한 햇귀처럼, 희망으로 가슴을 태우며, 우리 이제 노래해요. 혼자만의 위안은 언제나 고독이었어요. 떠나간 사람은 그릴 수 없는 무채색이 되었어요. 귓불 붉은 사랑 우리 함께 노래해요" 불쑥 내뱉고 나서야 혼자임을 알았다.

자불자불 하는 동안 아내는 나에게로 왔다가 떠나갔구나. 물 한 모금 마시고 기지개를 켜며 주위를 둘러본다.

산과 계곡이 온통 단풍의 바다다. 순간 '휘익' 하고 한줄기 바람이 스치니 세월의 고단함을 털어내듯 나뭇가지에서 마른 잎이 우수수 떨어진다. 잎새들이 지고난 자리마다 하늘이 파랗게 열려있다.

집안일 보다는 친구들과 바깥일에 더 관심을 둔 남편과 교감할 수 있는 산책 시간이 가장 행복하다고 말하던 아내의 음성이 들리는 것 같다. 무능해서 보내버린 아내 생각에 변명 같은 눈짓 손짓 둘 곳 없어 허공만 바라본다. 지난 세월을 되돌아보면 눈물이 난다. 고개를 들어 하늘을 보니 여자모양의 구름이 흘러가고 있다. 자세히 보니 아내의 얼굴이 나를 쳐다보고 있는 모습이다.

> 어제 일진이 수상쩍더니 / 오늘도 참 이상하지 / 하늘에 구름 한 점 흘러가는 것뿐인데 / 그게 사람이 되다니, / 이 세상에 살다가 / 이 세상에서 사라져간 / 사람의 얼굴이 되다니
>
> 죽으면 배후도 없이 / 흔적을 지우는 줄 알았더니, / 무구한 사랑은 구름으로도 오고 / 바람으로도 오고 / 눈으로도 오고 / 아니 오는 것 없이 다 와서는 / 사람을 그립게 만들어 놓고 / 사람을 눈물 나게 만들어 놓고,
>
> 내일은 어떤 일이 일어날 것인가 / 내일은 또 무엇으로 올 것인가 / 내일은 나를 / 무엇으로 만들어 놓을 것인가

단풍 빛이 곱다. 지난여름의 고단한 역사를 말하지 않아도 알 만하다. 이제야 몸의 뜨거움을 잠재워서 서늘해진 숲 풀의 참뜻을, 한 잎 단풍의 참뜻을 알겠다. 낙엽이 되기 위하여 봄부터 간절한 바람을 노래하고 비와 더불어 울었구나. 별이 빛나는 밤에는 먼 곳을 향한 그리움도 있었을 것이다.

짧은 햇살이 세상의 밑바닥을 훔치는 계절이 오고 있다. 이제 외로워도 홀로 서야 하는 나무들을 바라본다. 미련 없이 앞 다투어 떨어지는 가랑잎들을 보고 있으면, 몸을 몸에게 주고서야 온전한 믿음의 사랑이 생겨남을 증명했던 우리네 그런 사랑이 이제는 바닥에 떨어지는

소리로 남는다. 믿을 이 하나 없이, 이제 외로워도 홀로 서야 하는 한그루의 나무로 내가 남아 있다.

둘이 다니다가 홀로 다니는 이 길은, 보낼 수 없는 편지를 쓰면서 슬픔과 위안의 시간이 여물고 있는 아내의 텃밭이다. 개미처럼 고물거린 한 아낙의 힘이 사랑과 행복을 길러냄을 동행할 땐 몰랐으나 이제야 알겠다. 삶이 빈곤을 느낄 때 추억이 있는 흙길을 걷는 것이 희망의 길이다. 이 세상에 없는 그리운 얼굴을 가슴으로 만날 수 있는 곳. 나의 그리운 산책길이 있다는 것을 생각하며 문득 하늘을 바라보니 감사한 마음이 솟구친다.

아내의 텃밭 1

주인 잃은 텃밭에 잡풀만 우거졌네
이 빠진 사기그릇의 꿀맛 같은
들밥은 누가 내오나
열 손톱 흙물 든 손으로 비름나물 무쳐먹어도
배냇짓 아가 입술처럼 곱기만 했던 아내여
생각하면 할수록 찬물 한 모금에도 목 메이네
신산辛酸의 세월이 씹히네

남이섬에서

춘천에 있는 남이섬을 찾았다. 선착장에서 곧게 뻗은 길을 따라 섬으로 들어가니 섬 이름이 유래된 남이장군의 묘소가 입구에 있었다.

남이장군이 이시애의 난을 평정하고 두만강가 희령에 진을 치고 강을 보면서 읊은 「북정가北征歌」로 전해지는 시비가 걸음을 멈추게 한다.

白頭山石磨刀盡 (백두산석마도진) 백두산 돌은 칼갈아 다 없애고
豆滿江水飮馬無 (두만강수음마무) 두만강 물은 말먹여 없애리
男兒二十未平國 (남아이십미평국) 남아 이십세에 나라 평정 못하면
後世誰稱大丈夫 (후세수칭대장부) 뒷날에 누가 대장부라 부르랴

젊은 장군의 기개가 넘쳐 오르는 이 詩는 훗날 '男兒二十未平國'을 '男兒二十未得國'으로 개시改詩되어 숙청을 당하게 되고 죽음을 맞게 된다.

남이는 17세에 무과에 급제하고 세조世祖의 친척이라는 후광과 이시애의 난을 평정한 공로로 28세의 젊은 나이에 병조판서가 되었으

나 벼락출세와 오만 방자한 성격 탓으로 세조 주변의 원로대신들의 견제를 받게 된다. 북정가를 트집 잡아 모반의 위험성이 있는 것으로 은연중 퍼뜨리고 세조에게 남이장군을 경계할 인물로 아뢰자 의심을 한 세조는 남이를 면직시켰다.

이시애의 반란이 있은 다음 해에 세조가 죽고 둘째 아들 예종이 18세에 임금이 되었다. 젊은 왕은 남이가 무슨 변을 일으키지 않을까 하는 불안한 마음을 항상 갖고 있던 차 예종이 즉위하던 그해에 혜성이 나타났다. 당시 사람들은 혜성이 나타나면 세상이 바뀐다고 믿었었다.

남이는 젊은 혈기에 무심코 당돌한 말 한마디를 하였다. '옛것은 다 없애고 새로운 것이 날 징조이구나.' 이 말을 옆에서 들은 유자광이 남이가 역적모의를 한다고 왕에게 밀고 하였다.

그렇잖아도 남이가 역모를 꾀할까봐 불안하던 차에 좋은 기회라 생각한 예종은 즉시 남이를 잡아들여 친국을 시작하였다. 다리가 분질러지는 심한 매질에 견디다 못한 남이는 엉뚱하게도 예종 옆에 근엄한 자세로 앉아있는 영의정 강순과 같이 모의했다고 거짓 자백을 하기에 이르렀다.

나이 80의 영의정 강순은 기가 막혀 극구 부인했으나 고문에 견디다 못해 허위자백하고 남이와 역모의 죄로 나란히 처형장에 끌려 나가게 되었다.

강순은 너무나 억울하여 남이를 노려보면서 '너 이놈 이 젊은 놈아! 너는 나와 평소 무슨 원한이 있길래 무고하느냐.' 고 내뱉자 남이는 호탕하게 웃으면서 '너 이 늙은 놈아! 너나 나나 원통하기는 매 일반이다. 내가 죄 없이 억울한 죽음을 당하는 것을 보고도 영의정의 자리에

앉아 한마디도 구원해 주지 않는 그 죄로 내가 끌어넣었다.'

시비를 보면서 안타까운 것은 말과 처신을 함부로 하여 남이장군이 죽게 된 배경을 스스로 만들었다는 것이다.

젊은 나이에 병조판서의 직분을 수행함에 있어 겸손하지 않고 안하무인의 난폭한 성격에다 항상 위험스러운 말을 함부로 하였다.

백두산에 칼을 갈고 두만강 물을 말에 먹이는 것까지는 좋은데 스무살 어린나이에 나라를 다스리지 못하면 대장부가 아니라고 한 것은 젊은이의 기상으로서는 좋으나 그 당시 여건을 감안하지 않은 위험한 일이었다. 세조가 어린 조카 단종을 폐위하고 왕위에 올랐고 사육신을 위시한 쿠데타의 기억이 생생한 시대적 배경 속에서 남이장군은 태종의 외손으로 왕가에 속하기 때문에 모반을 할 가능성이 배제될 수 없는 처지였기 때문이었다.

또한 영의정 강순은 남이장군의 역모사실이 허위임을 명백히 알고 있었고 국정의 최고위직인 영의정직에 있으면서도 진실을 외면하다 남이장군의 괘씸죄(?)를 적용한 물귀신작전에 말려들어 비참한 운명을 맞게 된 것이다.

여기서 우리는 뚜렷한 역사적 교훈을 찾게 된다. 지역적 감정을 이용하여 정권을 타도하려던 이시애의 난과 이를 평정한 남이장군의 숙청, 그리고 정의를 외면하다 끝내 죽음을 당한 영의정 강순의 이야기는 전설과 신화가 아니다. 비록 시대와 사회적 환경이 다르다 해도 역사적 교훈으로 오늘날의 이야기가 될 수도 있기 때문이다. 모름지기 지도자는 항상 겸손할 줄 알아야 되고 정의의 편에 서야 한다. 그러면서 항상 언행에 대해 책임을 져야 하므로 말과 처신에 신중을 기해야

하고 적당한 시기에 물러설 줄 아는 용기도 필요하다고 본다.

비명에 간 남이장군의 일생에서 '질병은 입으로부터 들어오고 재앙은 입으로부터 나온다.'는 동양의 격언을 떠올리며 경건한 마음으로 묵념을 올리며 남이섬 관광에 나선다.

닭대가리가 어때서

놀이판에서 나의 별명은 '닭대가리'다. 셈이 느리다고 친구 L이 붙여준 별명이다. 친구가 닭대가리라고 놀리면 나는 요즘 유행하는 '야야야 내 나이가 어때서' 노래에 빗대어 '야야야 닭대가리가 어때서' 하며 닭은 다섯 가지 덕을 지녔다고 응수한다.

닭의 벼슬冠은 문文을, 발톱은 무武를 나타내며 적을 앞에 두고 용감히 싸우는 것은 용勇이며, 먹이를 보고 꼭꼭거려 무리를 부르는 것은 인仁, 때를 맞추어 울어서 새벽을 알림은 신信이라 했다.

어린 시절 고향집에서는 토종닭을 길렀다. 몇 마리씩 몰려다니면서 끊임없이 구구거리며 흙을 헤집고, 부리로 쪼는 편안한 모습이 지금도 눈에 밟힌다. 닭들은 따로 먹이를 주지 않아도 마당이나 집 주변을 쏘다니며 지네, 굼벵이, 지렁이, 메뚜기, 구더기 따위의 벌레와 갖가지 곡식의 낱알과 식물의 씨앗들을 주워 먹으며 잘 자랐다. 때로는 흙을 파헤치고 들어앉아서 버르적거리기도 하고 서로 부리로 쪼거나 날갯짓하며 닭싸움을 하기도 했다.

나는 그중에서 수탉 한 마리를 유난히 좋아했다. 우리 집 수탉은 싸움닭으로 색깔부터 여느 닭과 달랐다. 벼슬(볏)은 주홍빛 맨드라미처럼 우뚝하고 목에는 붉은 빛과 노란색 털이 적당히 어우러져 있었고, 몸은 갈색이었다. 날개깃은 까만색이고 목털과 비슷한 색깔의 털이 날개깃을 감싸고, 꼬리털도 날개깃과 같은 빛깔이지만 그보다 훨씬 길고 찬란하게 아름다웠다. 다른 집에서 기르는 개량종 양닭의 수탉하고 비교하여, 군계일학으로 오색이 찬란하여 장끼와 견줄 만큼 아름다웠다. 어른들은 우리 집 수탉을 '꿩닭'이라고 불러주어, 어린 주인의 자존심을 세워주었다.

수탉은 새벽이면 닭장에서 제일 먼저 홰를 치며 울어 새벽을 알렸다. 시계가 귀하던 시절, 닭이 홰를 치며 울면 아버지는 일어나 장작불을 피워 쇠죽을 끓이고 가마솥에 우리 형제들의 세숫물을 데웠다. 아침에 닭장의 문을 열어 주는 것은 나의 몫이었다.

이놈은 몸을 치장한 만큼 암컷에 대한 욕심이나 정력도 대단하였다. 암탉이 통통한 몸매를 흔들면서 '꼬꼬' 하고 다니면 암탉 주위를 돌아다니면서 주위를 경계하다, 주위가 심상찮다고 여기고 이동을 하면 암탉들도 따라간다. 그리고 가끔 힘을 발산하고 싶을 때는 '꼬끼오' 하고 크게 울어 젖히다, 어깨에 힘주고 몸을 빳빳이 세운 다음 특이한 스텝을 밟는 춤을 춘다. 그러다 암탉의 뒤로 슬며시 돌아가서는 재빨리 암탉 등에 올라서 부리로 암탉의 목을 제압하면서 교미(2~3초)를 한다. 수탉이 현란한 생김새(외모)나 우렁찬 목소리(언변)로, 먹이(재물)나 때로는 춤(권력과 시)으로 암탉을 유혹하는 모습은, 남자가 여성을 유혹하는 인간의 모습과 영락없이 똑같다.

그는 먹이를 발견하면 암탉과 병아리를 불러 모아 먹게 한 후 자신은 새 먹이를 찾아 나선다. 또 적을 만나면 필사적으로 싸웠다. 낯선 닭들이 우리 집에 들어오면 금시 피투성이로 만들어 버리고 낯을 익힐 동안에는 며칠이고 기를 못 펴게 텃세를 부린다. 암탉이 헛간으로 가서 알자리를 트는 때에는 경계하듯 그 주위에서 서성거렸다. 낯선 사람이 알자리 부근에 가면 느닷없이 확 솟구치며 덤벼들기도 하여 '싸움닭' 으로, 달걀을 지키는 파수꾼 역할을 하기도 했다.

어느 날 거지가 헛간 앞에서 서성거리다 그에게 당했다. 헛간에는 닭이 알을 품고 있는 시기라, 보호하느라고 그랬는지 사고를 치고 말았다. 날카로운 부리로 거지의 장딴지를 쪼아 피가 나자, 소식을 듣고 여기저기서 모인 거지 일행이 우리 집 마루와 마당에 드러누웠다.

"짐승이 사람한테 상처를 입히다니. 저놈의 닭을 당장 죽여라."

그렇게 하지 않으면 온 고을에 있는 거지들이 모여 한밑천 잡으려고 할 기세였다.

전에도 이런 일로 몇 번이나 홍역을 치룬 할머니는 사태를 수습하느라 사고를 친 수탉을 잡도록 이웃 아재에게 부탁했다. 아재는 할머니에게 모이를 뿌려 헛간 앞으로 닭들을 유인하게 한 뒤, 수탉 뒤로 다가가 날이 시퍼렇게 선 낫으로 수탉의 목을 내리쳤다. 모가지가 잘린 수탉은 이리저리 필사적으로 달리기 시작했다. 순식간에 일어난 모가지가 잘린 닭의 발악에 할머니도 아재도 우리들도 너무 놀랐다. 모가지가 없어도 그 녀석은 한참동안 살아있었다. 몸통이 없는 모가지에 붙어있는 눈이 슴뻑슴뻑했다.

나는 너무 무서워 울면서 거지들에게 발악하듯 화풀이를 하면서 대들었다. 평소 거지들만 보면 무서웠는데 어디서 그런 용기가 솟았는지 악을 썼다. 거지들도 이 희한한 광경에 놀랐는지 슬금슬금 도망치듯 물러났다.

비명에 간 수탉이 불쌍하여 할머니에게 수탉을 묻어줄 것을 울면서 간청했다. 고기가 귀하던 시절에 닭을 땅에 묻어주는 일은 쉽지 않았지만, 손자의 간절한 부탁에 할머니는 마지못해 승낙을 하셨다. 마당가에 있는 화단에 땅을 파고, 수탉의 장례를 치루면서 너무 가슴 아팠던 기억이 지금도 생생하다. 그 후 화단에 핀 맨드라미가 꼭 죽은 수탉의 환생 같이 느껴져 닭고기를 먹을 수 없었다. 60년 전쯤 초등학교 2학년 때 일어난 사건이지만, 지금도 닭고기를 잘 먹지 않는다.

수탉은 어린 주인에게 많은 교훈을 주었다. 처자와 가정을 보호하고 지키려는 용기와 시간(시대)의 변화를 판단하는 등, 남성이 갖추어야 할 이상적인 남성상을 일깨워 주었다. 사람들은 좀 모자라는 사람을 '닭대가리' 라고 놀려대지만, 나는 닭을 왜 그렇게 비하하는지 동의할 수 없다. 우리의 조상들은 닭을 상서롭고 신통력을 지닌 서조瑞鳥 로 여겨왔다. 어느 단체에서나 좀 모자라는 듯해도 묵묵히 자기 일을 하며 남들에게 도움이 되는 사람이 있듯이, 약고 계산 빠른 사람보다는 좀 모자라게 보이는 '닭대가리' 같은 그런 사람이기를 희망한다.

늘그막에 찾아온 어리게 살기

문단에 얼굴 내민 지 어느새 십여 년이 흘렀다. 그러는 사이 크고 작은 문학단체에 가입했고, 책임져야 할 직책을 맡기도 하였다. 어느 단체, 어느 조직이든 사람이 모인 곳에서는 소리가 나기 마련이다. 온갖 귀 간지러운 소리들이 들려와서 울화가 치밀기도 하고 당장 때려치우고 싶기도 한 때가 한두 번이 아니었다.

특히 부산문인협회 제14대 집행부(2007년~2009년)에서 사무국장 일을 맡아볼 때가 더 힘들었다. 부산문협은 60여 년의 역사를 가진 회원 수 1천명이 되는 큰 단체다. 임기 말이 가까워 올수록 회장단 선거에 직책상 엄정 중립을 지켜야하는 나로서는 난감한 일이 많았다. 번민하는 내 생각과 마음보다 먼저 속속들이 알고 있는 듯이 들려오는 말들에 대해서 일일이 항변할 수도 없고, 아무런 반응을 보이지 않으면 어리게 보는 것이 아니라 아예 반대파로 몰아버리기 일쑤였다. 답변이라도 할라치면 그건 변명으로 치부해 버렸다.

그래도 참고 견딘 것은 내 마음이 너그러워서가 아니었다. 지기 싫은 마음, 패배자로 비쳐지는 것을 스스로 용서할 수 없었다. 아마 오랜 군대생활에서 몸에 밴 성격 탓이리라 생각했다. 어설픈 도전정신도 한몫했음을 부인하지 않겠다. 인내심보다 자존심이 내 정신의 버팀목이 되어줬다고 고백하겠다.

삼년간의 임무를 무사히 마쳤다. 부산문협 창단 이래 임기를 제대로 마친 사무국장이 몇 명이나 되는지 챙겨보지는 않았지만, 임기를 끝까지 잘 마친 사무국장이 많지 않다는 것은 알고 있다. 떠나던 날의 기분이란 정말 말로는 표현할 수 없을 정도로 시원했었다. 말 한마디라도 신경을 써야 했던 자리였으니 그야말로 해방되는 기분이었다.

그런데 며칠 지나지 않아 무력감이 찾아왔다. 소외감이란 말이 더 적합한지는 모르겠다. 힘을 잃은 자의 말은 헛소리조차 되지 못한다는 것을 뼈저리게 느꼈던 일도 있었다. 권력의 맛에 중독되면 독재자가 된다는 말이 떠올랐다.

오래전부터 찾아온 병을 미루고 미루다가 뇌수술을 하게 되었다. 건강보다 소중한 일은 없다는 것을 절감한 나는 가능한 문단의 뒷전에서 맴돌기로 했다. 무료감이야 말할 수 없었지만 남의 입방아에서 벗어날 수 있으니 좋았다.

그러나 마음과 몸의 건강을 위해서라도 세월을 마냥 보낼 수는 없었다. 돈보다도 건강, 건강을 챙기는 일에다 적으나마 돈이 생긴다면야 그야말로 금상첨화가 아니랴. 금년 3월 어느 중학교에서 '배움터지킴이'를 모집하고 있었다. 학교 폭력 예방을 위한 일을 하는 미국의 '스쿨폴리스'라는 제도와 유사한 것이었다. 군 장교생활 경력이 도움이 되어 채용되는 기쁨을 맛봤다.

학교에 근무하면서 잡류가 없는 세상을 보았다. 요즘 아이들은 옛날의 우리들처럼 어른을 두려워하거나 겁내지 않는다. 재기발랄한 청소년들은 얄미울 정도로 자기의사 표현을 확실히 하면서 교감과 소통을 한다. 때로는 장난을 걸어오기도 한다.

"할배야, 내 잡아봐라."

까르르 웃음을 터트리며 도망간다. 어떤 아이는 점잖게 고개를 깊숙이 숙여 인사를 하는가 하면, 또 어떤 아이는 슬그머니 다가와 내 손을 잡아보기도 한다. 어찌 귀엽지 않으랴. 출근하는 날이 즐겁다. 지난여름에는 지독한 무더위도 사람을 괴롭혔지만 방학이라 출근할 수 없으니 더 지루한 여름이었다. 늙은이인 내 눈에는 학생들이 전부 사랑스러운 손자 손녀들이다. 작자미상의 아래의 시조를 읽어본다.

> 나 보기 좋다 하고 남의 님을 매양 보랴
> 한 열흘 두 닷새에 여드레만 보고지고
> 그 달도 설흔 날이면 또 이틀을 보리라

내 보기 좋다 해서 남의 임을 늘 볼 수야 있겠는가. 그러나 한 열흘에다 두 닷새를 더하면 이십 일, 거기에 여드레를 더하고, 그 달이 크면 이틀을 더 보겠다는 말인데, 그러면 매일 보겠다는 말이 아닌가.

내가 요즘 그렇다. 임 같은 어린 학생들이 곁에 있어 즐겁다. 나이를 잊고 어리게 살 수 있다는 게 늘그막에 찾아온 나의 행복 같다. 사랑의 미혹에 빠질 나이는 벌써 넘겼으니, 이성의 사랑보다 아름다운 이 사랑이 나와 함께 오래오래久久 같이 했으면 좋겠다.

(2013년 10월 19일 부산일보 토요에세이)

이발관 그림

고향에 가면 추억의 자리에 간다. 선창가 이발관이 있던 곳이다. 지금은 4대강 사업으로 쌈지 공원으로 변했다. 이곳에 오면 조건반사적으로 떠오르는 풍경이 있다. 어릴 적 이발관 벽에 구순하게 걸려있던 러시아의 국민시인 푸쉬킨의 詩 '삶이 그대를 속일지라도'와 밀레의 그림 '만종'이다. 내 또래의 동무들은 이발관에 걸려있던 푸쉬킨의 詩를 애송하며 미술에 대해 잘 모르는 사람이라도 '밀레'의 그림을 보며 몽구리 머리로 초등학교와 중학교 시절을 보냈다. 밀레가 어떤 인물인가는 중학생이 되어서야 알았다.

19세기 프랑스의 자연주의 화가 장 프랑스아 밀레(1814~1875)는 신변생활의 묘사에 힘써 농부, 가축 수목을 주제로 한 그림과 종교적인 장면들을 많이 그린 화가다. 우리의 머릿속에 친숙하게 떠오르는 명화名畵 '만종'과 '이삭 줍는 여인들', '씨 뿌리는 사람'은 농부들의 일상을 그린 작품들로 유명하며, 사실주의 혹은 자연주의 화가라 불리고 있다.

밀레는 처음부터 자연주의 화가는 아니었다. 젊은 시절 늘 가난과 싸워야만 했던 밀레는 돈을 벌기 위해 파리에서 당시 유행하던 초상화를 그렸다. 대부분의 소재는 '나체' 였다. 그 중에서도 가장 즐겨 그리던 내용이 벌거벗은 여인에 대한 것이었다. 물론 그는 그러한 소재를 자신이 생각하고 판단하여 하나의 멋진 예술작품으로 활동을 해온 것이다.

그러던 어느 날 커다란 전환점의 계기를 맞게 된다. 어디선가 징글벨 소리가 흥겹게 들려오고, 한 해가 저물어 가는 어느 날 파리의 시내를 걷고 있다가 문득 유명한 백화점의 쇼윈도에 걸려있는 자신의 작품을 보게 되었다. 자기가 그렸지만 참 잘 그려졌다고 마음속으로 자화자찬하면서 작품에 도취되어 있었다. 마침 그 앞에 낯선 모녀가 같이 서서 그림을 보게 되었다.

밀레는 우연히 두 모녀의 얘기를 듣게 되었다. "누가 저렇게 벌거벗은 흉측한 그림을 그려서 놔두었을까요?"하고 아이가 엄마에게 묻자 "밀레인지 뭔지 하는 사람이 그린 건데 저런 걸 그려야 입에 풀칠이라도 해서 먹고 살 수가 있나 보구나!"하고 대답하며 "그러고 보면 저 밀레라는 사람도 불쌍하고 딱한 사람이란다."하고 덧붙여 말했다.

그 순간 당대의 이름난 누드 화가로서의 자부심과 예술가의 긍지로 살아가던 밀레는 "누드 그림이나 그려서 먹고 사는 불쌍한 화가"라는 말에 엄청난 충격을 받았다. 성탄을 맞이하는 들뜬 기분도 예술가라는 화가로서의 자부심도 사라지고, 의욕적으로 나체를 그려온 작품 활동을 되돌아보는 계기가 되었다.

밀레는 그 길로 파리를 떠나 시골로 들어가 전원에 묻혀 살면서 농사일에 전념했다. 하루 종일 땅을 일구며, 땀 섞인 삶을 살기를 몇 해한 후 드디어 새로운 마음가짐으로 붓을 들었다. 그날 이후 밀레는 작품 활동에서 전혀 다른 사람으로 변화를 가져왔다. 그 결과 오늘날 흔히 볼 수 있는 '만종'과 같은 불후의 명작을 남길 수 있었다. 피땀 흘리며 농사를 지었고 거기서 자신이 무엇을 어떻게 해야 하는지를 깊이 생각한 결과이다.

그런 과정을 거쳐 이루어진 그림임을 생각하고 다시 한 번 진지하게 그의 그림들을 살펴보면 진하게 묻어나는 진실을 발견할 수 있다.

그의 유명한 '만종'에 묘사된 풍경을 보면 끝없이 펼쳐온 들녘 그 위에 낙조가 붉게 수놓았는데 멀리서 교회당의 종소리가 은은하게 울려 퍼지고 이때 종일토록 추수하며 일하던 젊은 부부가 일손을 멈추고 경건하게 감사의 기도를 드리고 있는 모습을 볼 수 있다.

우리는 이 한 폭의 그림에서 여러 가지 아름다운 삶의 모습을 느낀다. 끝없이 펼쳐진 들녘과 산더미처럼 쌓여있는 곡식단들 그 위에 붉게 쏟아지는 낙조 등의 시골풍경 속에서 우리는 한없는 안식을 느낄 수 있으며 평화로움을 만끽할 수 있다. 또한 우리는 「만종」에서 노동의 소중함과 가정의 신성함을 깨닫게 된다. 그리고 감사의 정신을 배운다.

사람은 누구나 혼자서는 살 수 없다. 이웃과 이웃이 서로 어우러져 살아가는 것이 본래 인간의 모습이다. 이런 사회성을 지닌 인간이기에 지나친 자기중심적인 사고방식은 지양되어야 한다. 나만이 중요하다는 생각은 억지이며 해독스런 결과를 가져온다.

밀레가 우연한 기회에 지나가던 타인에 의해 모욕을 당한 후 새로운 마음으로 전혀 다른 모습의 그림을 그렸다는 이야기는 결코 누드화가 잘못된 것이라는 얘기를 하려하는 것은 아니다.

내 의지, 생각, 판단이 때로는 어떤 것들과 충돌이 있을 수 있다는 것이다.

그때 꼭 한 번 생각해 봐야 할 것이 있다. 나의 삶이 중요하다고 하나 그렇다고 나의 삶만이 중요한 것이 아니고 더불어 살아가는 것이 본래 우리 인간의 모습이기에 전혀 외면할 수만은 없다는 것이다. 그래서 사람이 모여 사는 곳에는 법이 있고 윤리 도덕이 있다. 즉 눈에 보이든 보이지 않든 제약들이 공동선을 위해 존재하고 있다는 사실이다.

'삶이 그대를 속일지라도 슬퍼하거나 노여워하지 말라. 슬픈 날엔 참고 견디면 즐거운 날은 오고야 만다. 마음은 미래를 바라느니 현재는 한없이 우울한 것. 모든 것 하염없이 사라지나 지나가 버린 것은 그리움이 된다.'는 푸쉬킨의 詩가 있고 밀레의 그림 '만종'이 있던 이발관 풍경은 지난 세월동안 꾀꾀로 눈에 밟히며 삶의 간힘을 북돋아 주고, 가슴을 따뜻하게 데워주었다.

헐거운 한낮처럼 지나온 세월을 반추하며, 그래도 마음이 흔들리는 고빗사위에는 찾아 올 고향이 있어서 참으로 힘이 된다. 시끌벅적 활력이 넘치는 동네소식의 진원지이자 중요한 정보교환의 장소였던 이발관 자리에 서서, 서정시 같은 따스하고 소박한 밀레의 작품이 어떻게 사람들의 마음속에 영원히 명작으로 기억되고 있는가 하는 귀한 교훈을 다시 한번 생각하게 된다.

어미닭의 새끼 거두기

봄날이 나를 흔들고 있다. 손주 녀석의 초등학교 입학식 날, 병아리 같이 철없는 아이들을 보면서 걱정이 앞선다. 험한 세상 어찌 살까 싶어서다. 엄마들의 모습에서 제 식구들을 잘 알아보고 가족애가 강했던 재래종 닭이 생각난다. 병아리를 몰고 다니며 끊임없이 구구거리며 흙을 헤집고, 먹이를 보면 꾹꾹거려 새끼들을 불러 챙겨 먹이던 어미닭의 희생적인 모습이 눈에 선하다. 내 어린 날의 추억은 마당 한 귀퉁이에 자리한 닭장과 어미닭에서부터 시작된다.

이른 봄이 되면 암탉이 이상한 신음소리와 함께 자꾸만 알둥우리에 올라가 앉아있다. 알을 낳지도 않는데도 버티고 있으면서 다른 닭의 접근까지도 경계한다. 둥우리에서 아무리 내쫓아도 말을 듣지 않고 막무가내다.

할머니는 "이 녀석이 새끼를 치고 싶어 하는구나" 하시며 둥우리 안에 잘 다진 목화씨를 깔아 놓은 뒤에 깨끗한 달걀 열댓 개를 닭에게 품게 해주었다. 그러면 닭은 거의 식음을 전폐하고, 알을 품는데 열중

한다. 이삼일 간격으로 둥우리에서 내려와 잠깐 사이에 모이와 물을 먹고 배설도 한 뒤 다시 둥우리로 올라간다. 알을 품고 있을 때는 어떠한 침입자의 압력에도 굴함이 없이 죽기 살기로 항거한다. 사람이 접근하여 끌어 내리려 해도 주둥이로 쪼면서 대항한다.

20일이 넘으면 알에 금이 가기 시작하면서 어미닭은 주둥이로 알껍데기를 쪼아 병아리가 나오는 것을 열심히 돕는다. 병아리는 알에서 깨어나기가 무섭게 즉시 어미 품에 안긴다. 병아리는 갓 깨었을 때의 물기가 마르면서 노란 털로 예뻐진다. 그때쯤이면 어미에게 재롱을 떨면서 애정을 표시하기 시작한다. 대개 22일째 정도에는 병아리들이 모두 깨어난다.

둥우리에서 내려진 병아리 무리는 어미닭의 구구거리는 신호에 의해서 '헤쳐' '모여'를 하면서 한정된 공간을 돌아다니며 어미닭의 지시에 의해서만 움직인다. 위험할 때, 맛있는 음식을 먹도록 할 때, 빨리 이동하려 할 때, 기온이 차서 병아리를 자기 품으로 불러들일 때, 그때마다 어미닭은 다른 소리로 속삭이고 외친다. 닭의 세계에서도 그들대로 통하는 언어가 존재한다는 것을 알 수 있다.

병아리는 어미의 지시에 단 한 마리의 이탈자도 없이 절대 복종한다. 어미는 모이가 부족할 때는 일체 자기는 먹지 않고 병아리에게만 먹인다. 먹이가 커서 불편하다고 생각하면 잘게 부수어서 주어가며 먹이고 소화가 잘 안 되는 것은 일단 어미가 먹은 다음 뱉어내어 병아리에게 먹인다.

맑은 봄볕을 받아가며 노란 병아리 떼를 몰고 가는 어미닭은 참으로 행복하게 보인다. 이때 수탉은 날개를 펼치고 빠른 걸음으로 달려오면서 아는 체를 한다. 혹시 실수해서 병아리가 다치지나 않나 하고 일정한 간격을 두고 따라다닌다. 병아리에게 모이를 먹이고 보살피는 일을 암탉과 더불어 한다. 이들의 일과는 주로 모이 먹이는 일과 먹이를 구하러 다니는 작업으로 꽉 짜여있다. 드디어 위장이 두둑하게 음식으로 차서 배가 불렀을 때는 수탉은 암탉 옆에서 날개를 탁탁 치면서 '꼬끼여–꼬꼬–' 하고 음성을 가다듬으며 힘차게 뽑아댄다. 이때 암탉도 가만히 있지 않는다. '꼬꼬꼬–' 하면서 즐거움으로 맞장구친다. 이들의 모습은 참으로 행복하게 보인다.

그러나 병아리들에게는 항상 위험이 존재하고 있다. 농촌에서 병아리를 가장 많이 해치는 것은 쥐와 까마귀다. 어쩌다 병아리를 거느린 어미닭이 까마귀를 발견하면 급하게 새끼들을 불러 품안으로 모으거나 안전한 집안으로 피난을 시킨다. 혹여 어미 말을 안 듣는 병아리가 있어 까마귀가 낚아채는 일이 생기면, 어디에 그런 힘과 민첩함이 숨어 있었던지 대번에 하늘로 치솟아 크게 싸움을 벌인다. 사람보다 새끼에 대한 사랑이 더한 짐승이 재래종 닭이 아닌가 싶다.

병아리가 어느 정도 자라면 어미닭이 변하기 시작한다. 새끼가 태어난 날로부터 한 달 보름(45일)정도가 되면 그토록 사랑하던 새끼들을 심하게 쪼기 시작한다. 새끼들이 어미닭 곁에 얼씬도 못하도록 못살게 군다. 아직도 새끼들은 어미를 따르고 의지하려는데 이젠 엄마가 무서운 폭군이 되었다. 새끼가 홀로서기를 하려는 것이 아니라 어미가 독립을 하려는 것이다. 새끼들을 다 쪼아버리고 자기 주변에 못 오게 하고는 혼자만 모이를 먹는다. 새끼와 같이 지내는 동안은 어미닭의 볏의 빨간빛이 지푸라기 색깔같이 죽어있고 오그라들어 처져 있다. 이

후 닭 볏의 색깔이 다시 붉게 돌아오면서 어미닭은 새 삶을 살아간다.

개량종 닭은 어느 종류거나 알을 제대로 품지 않고 새끼를 잘 돌보지 않는 편이지만 재래종 닭은 새끼 욕심이 많아서 알을 품으면 매우 열심이고 정성스레 품어준다. 병아리가 부화하는 날 어미닭은 몸무게가 정상적인 닭의 반밖에 되지 않는다. 그런데도 병아리가 깨어 나오면 자기 몸을 아끼지 않고 돌본다. '암탉이 제 새끼를 품안에 모으듯 한다.' 는 말은 옛 우리 어머니의 지극한 모성애와 흡사하다. 그러다 일정한 시기가 되면 새끼들이 자립하도록 부리로 쪼아 독립시키는 냉철함을 지녔다. 수탉은 들짐승이나 다른 위협 앞에 목숨 걸고 어미닭과 새끼들을 지켜내고, 자연 수정을 통해 유정란을 만드는데 기여한다.

우리는 좀 모자라는 사람을 닭대가리라고 비아냥대지만, 사람보다 더 진한 어미닭의 지극한 모성애, 수탉의 투철한 책임감, 자식에 대한 과잉보호로 문제가 되고 있는 인간 사회와는 달리, 새끼들이 때가 되면 스스로 독립하여 살아가도록 하는 어미닭의 냉철함. 자연의 이치에 순응하며 사는 닭들의 이런 본능적인 생태를 보고 있으면, 인간이 닭에게 한 수 배워야 할 점이 아닌가 하는 생각이 든다. 앞으로 여생은 살아서는 알을 주고 죽어서도 보양식이 되어 인간의 삶에 이로운 일을 하는 닭과 같은 사람이 되기를 소망한다.

아침이면 수탉의 우렁차고 목청 좋은 울음소리와 함께 잠을 깨고, 오손 도손 새끼들을 데리고 집 주위의 땅을 발로 파헤치고 있는 닭들을 흔히 볼 수 있었던 어린 시절이 새삼 그리워진다.

아버지와 소

낙동강을 끼고 있는 내 고향 송진리는 전형적인 농촌마을이다. 고등학교 진학을 위해 마산으로 가기 전까지 그곳의 산과 들과 내를 벗 삼아 자랐다. 어릴 적 아버지를 떠올릴 때면, 아버지와 쟁기질, 순한 눈망울을 끔벅거리는 소와 함께 추억된다. 아버지는 부지런한 농사꾼이었다. 소를 키우면 소가 살찌고, 돼지를 기르면 돼지가 살쪘다. 채소도 아버지가 키운 것은 유난히 탐스러웠다. 지극한 정성 때문이었을 것이다. 사람이나 동물이나 풀 한포기도 애정을 베풀면 그에 답한다는 사실을 깨닫게 해주었다.

아버지의 소에 대한 사랑은 지극하였다. 조석으로 보리, 콩, 등겨 등 곡류와 짚 등을 넣고 쇠죽을 끓여 소에게 따끈한 식사를 대접하였다. 소는 워낭소리와 함께 흑흑거리며 잘 먹었다. 겨울이면 추위를 막아주기 위하여 짚으로 만든 거죽을 덮어 주었고, 여름밤에는 모깃불을 놓아주거나 모기장 대용으로 막을 쳐 주기도 했다. 또 소가 잘 자도록 푹신하게 짚을 깔아 주는 아버지의 모습을 보고 사람과 소 사이에도 정이 있다는 것을 알게 되었다.

힘든 일을 할 때 사람이 새참을 먹으면 소도 똑같이 먹였다. 밭으로 일을 하러 나갈 때 미리 소가 먹을 수 있는 여물을 담아서 지게에 지고 가셨다. 아버지는 외양간의 배설물을 날마다 깨끗이 치우셨다. 그리고 소를 몰고 개울가로 가서 소의 몸에 물을 퍼부어 목욕도 시키고 솔로 등을 긁어 주기도 하였다. 목욕이 끝나면 소는 나무그늘 아래서 아버지가 베어다 준 풀을 먹었다. 오후가 되면 산이나 강변에 방목을 하면 소들은 좋아서 어쩔 줄을 모르고 이리저리로 뛰어다니기도 하며 간혹 뿔을 맞대고 서로 장난을 치기도 하였다.

풀이 자라나는 봄부터 아이들은 산과 들의 풀들을 베어다 주거나 소를 끌고 다니며 풀을 먹였다. 우리 형제들도 초등학교에 입학하기 전부터 친구들과 함께 엄청나게 덩치가 큰 소를 끌고 이 산과 저 들을 옮겨 다니며 소에게 풀을 먹이고 아침저녁으로 쇠죽을 끓이는 일을 거들었다.

아버지는 소에 대한 많은 지식을 가지신 듯하였다. 소는 새끼를 낳으면 태반을 먹어 치운다. 그런데 소는 초식동물이라 동물성 단백질 분해효소가 없어 동물성인 태반을 소화할 능력이 없다고 한다. 농업 시간에 배운 지식으로 태반을 못 먹게 치우려고 하면 아버지는 "얘, 태반을 먹어야 자궁이 튼튼해지는 법이다. 그냥 놔두어라. 그걸 못 먹으면 다음 새끼를 못 낳더라." 하시며 경험으로 얻은 자신의 견해를 굽히지 않으셨다. 우리는 송아지가 설사가 나면 항생제를 들고 달려가는 반면 아버지는 어미 소의 먹이를 줄였다. 그러면 신기하게도 얼마 후 송아지의 설사가 멈췄다.

언젠가 바쁜 농사철이었던 것 같다. 다른 집에 일 나갔다 돌아온 소가 소죽을 잘 안 먹고 잘 일어나지도 못했다. 아버지는 "이웃에 사는 누구 네가 소를 빌려 가면 소를 너무 혹사시켜 소가 제대로 먹지도 못하고 앓는다."고 하시면서 살아 있는 낙지 두어 마리를 소에게 먹이자 소가 벌떡 일어나 기운을 차린 적이 있었다. 소가 비실비실할 때는 옻나무 잎을 먹이면 낫는다고 알려주셨다. 경험에서 우러난 아버지의 삶의 지혜를 인정하지 않을 수 없었다. 글 한 줄 읽지 않고 고된 농사일로 평생을 살아가신 아버지의 지혜에 고개가 절로 숙여진다.

농사의 성패여부는 무엇보다 일소에 달렸다고 생각하신 아버지의 소에 대한 훈련 또한 엄격하였다. 내가 어릴 때만 해도 소는 사육이 주목적이 아니었다. 힘든 농사를 위해서 송아지를 미리 잘 길들여 놓는 것은 매우 중요했다. 어미젖을 갓 떼고 목에 고삐를 매어 끌고 다니는 '목매기송아지'가 힘이 세어져 목에 맨 고삐로는 다루기가 어려워질 때면 코를 뚫어서 코뚜레를 하고 이 끄리로 소 말뚝에 묶어서 키운다. 코뚜레를 해놓으면 막무가내로 나대기만 하던 송아지도 고삐에서 가해지는 힘만큼 고통이 따르기 때문에 얌전해졌다. 적당한 시기에 그렇게 코뚜레를 해놓지 않으면 소를 길들이기가 어렵다고 한다. 소가 코뚜레를 한다는 것은 소에겐 일종의 성년식이다. 성년이 된다는 것은 어려운 고비를 넘겨야 한다는 사실을 나는 유년에 알게 되었다.

코뚜레를 한 지 두세 달이 지나면 아버지는 소를 길들이셨다. 이제까지 놀고먹던 한돌 반 정도 자란 '어시룩소'는 멍에 메는 것부터 싫어하고 뒷걸음을 치지만 코뚜레를 잡고 앞에서 끌고 가니 어쩔 수 없이 끌려 다닌다. 이렇게 날마다 소목에 질메를 얹어 무거운 폐타이어를 달아 두어 시간씩 한 달 이상 훈련을 하면 목덜미에 멍에자리가 생기며 일에 적응하게 된다. 일에 길들여지면서 점점 무거운 짐을 싣고 끌게 하여 힘도 기르고 "이랴" 하면 앞으로 가고, "워" 하면 멈추고, "어저저" 하면 왼쪽으로 가고, "이랴 쩌쩌쩌" 하면서 고삐를 당기면 오른쪽으로 가라는 사람의 말귀를 알아듣게 하여 일하는 요령을 가르치게 된다. 이런 과정을 되풀이 하면 소는 순순히 사람의 말을 잘 듣게 된다.

소와 어느 정도 소통이 되면 아버지는 소를 몰고 논으로 간다. 이런 일에 익숙해지면 쟁기를 걸고 땅을 갈게 한다. 농사철이 되면 '이랴, 워 띠, 이라' 로 하는 아버지의 목소리는 온 들판을 떠들썩하게 했다. 그래도 소는 한 마디 대꾸도 없이 아버지의 말에 따라 일만 했다. 소의 무던한 모습은 내 유년에 뿌리가 깊게 내려져 있다. 이렇게 자란 소는 일소로서 인정을 받고 우시장에서 제값을 받는 재산목록 1호가 되어 평생 주인과 함께 농사를 지으면서 당당한 가족이 되어 농우로 대우를 받으며 천수를 누리게 되는 것이다.

소나 사람이나 성장 단계에 따라 배우고 가르치는 적기를 놓치면 제 고집이 굳어져 길들이기가 어렵고 그렇게 되면 평생 제 몫을 못하게 되니 집에서나 사회에서나 쓸모가 없고 따라서 제격에 맞는 대우를 받을 수 없게 되는 것이다. 배우고 가르치며 길이 든다는 것은 짐승이나 사람이나 적기가 있으며 그때를 놓치면 낭패가 되고 마는 것을 보며 유년기를 보냈다. 아버지는 평생 하루도 쉬는 날이 없었다. 별이 총총한 새벽부터 달이 밝은 밤중까지 가족을 위해 소처럼 일하던 아버지로부터 받은 큰 선물은 소 같은 우직함이었다.

유년의 아버지와 소에 대한 추억은 내 삶에 수도 없이 등장했다. 일하던 소, 인정의 소, 평화의 소, 희망의 소, 소통의 소, 사랑의 소로 남아 있다. 내게 있어서 소는 생각하고 느낄 줄 아는 사람과 다름없는 존재로 서로를 위로하는 친구였고 고향이고 향수다. 또, 아버지를 그리워할 수 있는 매개체다. 삶이 버거울 때면 쟁기질하는 아버지의 소 이끄는 소리가 생생하게 들려온다. 밭고랑만 세고 있는 내가 보인다. 돌이켜 생각해보면 아버지와 소 그리고 나는 지상에서 가장 아름다운 식구이기도 했다.

유년 시절 우리 집 소의 크고 맑은 눈동자가 생각난다. 마음이 싸~해진다.

사부사思父詞

– 28주년 기일에 즈음하여

당신의 넓은 등에는
많은 식솔들이
뿌리혹박테리아로
매달려 숨쉬었지요

지게 하나로
산을 짊어지고
들판을 통째로 져 나르시던
강물,

내 숨결이 경각에 달렸을 때
흙물내 밴 등에 업혀
밤 벼랑끝 삼십 리 길도 단숨이었지요

이제는 바다에 다 와가는
내 젊어 바라본 아버지의 물길
홑이불도 버거워하시던 모습에
칼날이 뼈를 저미는 듯 하였지요

지고 온 서러움 모두 내려놓고
돌아누우시던 그날 밤을
내 눈에 들여놓은 이후
하늘의 영광이 강물위에 내리는 걸 보았지요

눈부처

– 유년기 우리 집 일소를 기리며

고삐 끝에 매달린 소 한 마리
반항에 체념인지 시름을 헤아리듯
되새김질에 여념이 없는데
지긋이 잠긴 눈 맥풀린 얼굴하나
실루엣으로 흔들리고 있다

부르면 들릴 듯
손 내밀면 닿을 듯 닿지 못하는
아련한 추억이
흑백사진 속의 풍경이 되어
눈 속에 들어와
부처가 되었는가

먼 하늘 구름 한 점
스치는 바람 끝이 차가운지
한세상 잠시 덮었다 다시 뜨는
소의 둥근 눈동자
우주를 닮았다

내가 만난 푸쉬킨

육십 대 이상 남성은 대부분 같은 추억을 갖고 있을 것이다. 이발관에 걸려있던 '푸쉬킨'의 詩 '삶'과 밀레의 그림 '만종'을 보며 몽구리 머리로 초등학교와 중학교 시절을 보냈다. 시를 먼저 알게 되고 시인을 나중에 알게 된 나는 푸쉬킨이 어떤 인물인가를 중학생이 되어서야 알게 되었다.

삶이 그대를 속일지라도 / 슬퍼하거나 노하지 말라
슬픔의 날엔 참고 견디라 / 즐거운 날이 오고야 말리니

마음은 미래를 바라느니 / 현재는 한없이 우울한 것
모든 것은 순간에 지나가고 / 지나간 것은 다시 그리워지나니

삶이 그대를 속일지라도 / 노하거나 서러워하지 말라
절망의 나날 참고 견디면 /기쁨의 날 반드시 찾아오리라

고단한 삶을 달래주는 한 줄의 시 구절이 바로 그 유명한 삶의 詩…. "삶이 그대를 속일지라도 슬퍼하거나 노여워 말라" 라는 구절이다.

위 시의 창작 배경은 푸쉬킨이 모스크바 광장에서 장님 걸인을 만나게 된 연유에서 출발한다. 어느 날 푸쉬킨은 모스크바 광장에서 추운 날씨에 누더기를 걸치고 구걸하는 한 장님 걸인을 만나게 된다. 광장에는 걸인들이 많았기에 그에게 특별히 관심을 보내는 사람은 없었다.

푸쉬킨은 장님 걸인을 지켜보다 "나도 역시 가난한 처지인지라 줄 돈은 없고 돈 대신 글씨 몇 자를 써서 주겠으니 그걸 몸에 붙이고 있으면 좋은 일이 있을 겁니다. 얼마 후에 푸쉬킨은 친구들과 모스크바 광장에 갔는데 그 걸인이 어떻게 알았는지 푸쉬킨의 바지를 붙잡고는 "감사합니다. 목소리를 들으니 며칠 전 글씨를 써주신 분이시지요! 말씀하신대로 써주신 종이를 몸에 붙였더니 그때부터 많은 사람들이 돈을 주셨습니다. 그날 써준 내용이 도대체 어떤 글인지요?"하고 물었다. "'겨울이 왔으니 봄도 멀지 않으리!' 라 썼습니다." 푸쉬킨의 대답이었다.

사람들은 이 글을 보고 지금은 비록 춥고 고단한 날을 보내고 있지만 봄을 기다리는 걸인에게 연민의 정을 느꼈을 것이다.

나는 고등학생 때 문예반에서 동아리 활동을 했다. 담당선생님이 이석(본명 이순섭) 시인이었다.

선생님께서는 푸쉬킨 시인 어머니의 증조할아버지가 아프리카 에디오피아 지역 족장의 아들로 러시아에 노예로 팔려와 표트르 대제에게 바쳐졌다가 나중에는 표트르대제의 신임을 얻고, 귀족계급에까지 올랐다는 사실을 비롯하여 러시아 여행을 한다면 어느 도시를 가더라도 푸쉬킨의 동상과 그의 이름을 따온 극장을 발견할 수 있을 정도로 존경받는 시인이라는 것을 알려주었다.

푸쉬킨에게는 '나탈리아' 라는 어여쁜 아내가 있었다. 러시아 문학의 발원지이며 문화의 도시인 상트페테르부르크의 사교계에서 가장 아름다운 미인으로 소문난 여자였다. 아프리카의 혈통을 받아 검은 피부에 원숭이를 닮은 외모를 지닌 푸쉬킨과는 대조가 되었다. 나탈리아는 여동생의 남편인 프랑스 망명정객 단테스 남작과 염문을 뿌린다. 분노한 푸쉬킨은 '단테스' 에게 결투를 신청한다. 1837년 겨울 두 사람의 운명적인 권총 결투에서 푸쉬킨은 단테스가 쏜 첫 발에 복부에 총상을 입고, 이틀 후 39세의 나이에 죽었다.

수업을 마무리하면서 이석 선생님은 우리에게 푸쉬킨의 시 '삶' 을 읽고 외워서 마음의 양식으로 삼아 살아가라고 하셨다. 그러나 내 생각은 달랐다.

"삶이 날 속이는데 배신감 상실감 박탈감 안 생기겠는가? 슬퍼하거나 상대방에게 노하지 말라니? 슬픔의 날, 절망의 날 참고 견디면 즐거운 날이 오고, 기쁨의 날 반드시 찾아온다고 하던 대시인 푸쉬킨이 자신부터 큰맘 먹고 살아야지 여자 때문에 허망하게 총알 맞고 삶을 버렸는지? 결투를 신청하려면 상대방에 대한 연구를 하여 이겨야지. 왕실 근위대 출신인 단테스에게 결투무기를 권총으로 하다니 결과는 뻔한 것 아닌가."

그 후 고등학교 졸업 후 가정형편상 대학 진학을 포기하고 어렵고 힘든 나날을 보낼 때 문득 유아기부터 이발관에서 보아왔던 푸쉬킨의 시가 다가왔다. 그의 시 '삶이 그대를 속일지라도' 가 너무 마음에 와 닿아 돌사탕 입안에서 굴리듯 매일 웅얼거리며 다닌 적이 있었다. 그때서야 이석 시인님이 말씀하신 푸쉬킨의 시가 세상 사람들에게 위로와 희망과 꿈과 용기를 주고 현실의 삶에서 미래에 대한 희망과 꿈을 그려내고 있다는 사실을 인정하게 되었다.

오늘 부산수필문인협회 회원들과 문학기행으로 객주문학관을 다녀왔다. 김주영 작가는 대화의 시간에서 "모스크바 여행에서 푸쉬킨 동상 앞에 생화를 바치며 추모하는 농부들의 모습에서 감동을 받았다. 동상 전면에 새겨져 있는 '삶'의 시는 러시아 사람들이 어렵고 고단했던 삶에 위로가 되었고 줄줄이 시를 낭송하면서 고단한 현실에서 간단의 고비를 넘겼던 친구와도 같은 시다. 푸쉬킨 시인의 고단하고 험한 삶은 유폐생활에서 오는 절망을 딛고, 자신에 대한 최면과 같은 희망의 노래이다. 그것은 누구에게나 있을 수 있는 고통스러운 이들에 대한 삶의 메시지다."라고 하면서 '삶이 그대를 속이더라도' 시 전문을 낭송으로 마무리하여 감명을 주었다. 내가 고향 이발관에서 처음 만난 푸쉬킨 시인을 이곳에서 다시 만난 것 같아 기쁜 마음이었다.

다시금 푸쉬킨의 시 한 구절을 음미해 본다.

> 솟아오르는 태양과 함께 기상하는 것처럼 건강에 좋은 것은 없다
> 백 살이 넘게 장수한 사람은 죄다 예외 없이 술을 마시지 않고
> 여름이나 겨울이나 새벽에 일어난 사람들이었다. (중략)
>
> 여자의 정절을 너무 믿어서는 안 된다
> 그런 것에 마음을 쓰지 않고 있을 수 있는 사람은 행복하다

실패에는 명수名手가 있을 수 없다
사람은 누구나 다 실패의 앞에서는 범인에 불과하다

인간이 추구해야 할 것은 돈이 아니다 항상 인간이 추구해야 할 것은 인간이다

재앙과 철학이 책과 술이 의롭게 함께 존재 할 수 있다는 것을 어리석은 자는 모른다.

– 푸쉬킨(1799~1837) '푸쉬킨의 말' 중에서

훈장이 어른거리면 죽는다

연 사흘 꿈을 꾼다. 병무청에서 전해준 입영통지서다. 월남전에도 참전하고, 21세에 소위로 임관하여 20년간 직업군인으로 근무하였다고 해도 소용이 없다. 군에서 탈영했다고 잡혀가 영창에 갇히기도 하고, 저격수의 총알이 철모에 스치고 포로로 잡혔다가 탈출하는 꿈을 꾸기도 한다. 전역 당시 계급으로 원대 복귀하여 전투 지휘를 한다고 소리를 질러도 목소리가 터지지 않는다. 적의 선발대가 살금살금 낮은 포복으로 기어 오고 있다. 수류탄을 던졌다. "엎드려!"하며 폭발음에 놀라 일어나니 꿈이었다. 긴장한 탓인지 목이 마르고 온몸이 욱신거렸다. 달력을 보니 46년 전 부산항 4부두에서 월남으로 떠난 날이다.

고등학교 재학시절 나의 꿈은 신문기자였다. 그러나 세상은 뜻대로 굴러가지 않았다. 고3 졸업을 앞두고 어머님께서 위암진단을 받았다. 졸업장을 받아들었으나 세상은 결코 녹록치 않았다. 결국 대학 진학의 꿈을 접고 갑종장교후보생으로 입대를 결심했다. 자리보전하고 누워계시는 어머니에게만 군 장교후보생으로 입대한다는 말씀을 드렸다. 고된 훈련 끝에 소위로 임관하여 전방 소대장으로 부임하자마자 파월을 지원했다. 해외근무수당을 받아, 어머니의 병원비를 보태자는 생각에서였다. 파월전투수당은 소위가 125달러였고 중위는 135달러였다. 가계에 보탬이 될 만한 큰돈이었다.

그러나 전방 소대장 근무를 마치고 논산훈련소로 전근하여 교관으로 근무하면서 중위로 진급할 때까지 그렇게도 가고 싶어 안달하던 파월 명령은 없었다. 어느 날 어머니가 돌아가셨다는 관보를 받았다. 그 당시는 통금이 있고 밀주 단속이 법으로 정해져 있던 시기였고, 지방관서(면 · 읍장)에서 관보를 보내주어야 휴가가 주어지던 때였다. 관보가 늦게 도착하여, 어머니의 임종도 보지 못했다. 고향에 도착하니 이미 출상 후였다. 애통한 심정으로 삼우제를 끝낸 후 부대에 복귀하니 신병교육중대장으로 보직이 변경되어 있었다. 중대장 근무 6개월 무렵 파월 명령을 받았다.

그렇게도 원하던 파월 근무였지만 어머니 병원비를 마련하여 효도하겠다는 지원동기가 사라지니 가기 싫었다. 중대장이 되어 육군회보를 열람하면서 월남전에 대한 정보를 많이 알게 되었다. 임관 동기생 70여 명이 월남전에 참전하여 10명이 전사하였다. 국립묘지에 8명, 고향 선산에 2명이 안장되었다는 소식을 접하면서 꼭 살아서 돌아온다는 확신도 없었다. 중대장 보직에서 월남에 가면 소대장 근무를 다시 시작해야 한다는 부담으로 갈등이 생기기 시작했다.

인사담당자를 찾아가 월남 참전지원을 취소해 달라고 억지를 부렸다. 담당자는 처음에는 좋게 설득하다 하도 집요하게 매달리니 화를 내면서 상대를 하지 않으려 했다. 결국 뺨만 한 대 얻어맞고 월남으로 가게 되었다. 지금 생각해 보면 군인답지 못한 처신이 부끄럽지만 당시의 나는 절박한 심정이었다.

가기 싫은 월남전에 참전하게 되니 심사가 뒤틀렸다. 매사에 부정적이고 악이 받쳤다. 오음리에서 파월 교육을 받으면서 "그래 기왕 월남전에 가게 되었으니 전공을 세워 훈장을 타야겠다."고 생각했다. 인간백정이 되겠다는 각오로 한 번도 본 적도 없는 베트콩에 대한 적개심을 불태우며 열심히 훈련에 임했다.

드디어 훈련이 끝나고 용산역에서 군용열차에 몸을 싣고 부산항으로 향했다. 출발전 인솔 제대장(중령)이 "차달숙 중위가 이번 파월 32제대 중 1번 승선자로 결정되었다."고 알려 주었다. 승선 1번이 되면 4부두에서 파월수송선에 오르기 전 환송 꽃다발을 목에 걸고, 기자들과 인터뷰도 하여 매스컴을 타게 된다니 기분이 좋아졌다. 눈을 감고 잠을 청했다.

내 이마에 어머니의 따뜻한 손이 내려와 얹혔다. 내 이름을 부르면서 어머니는 속삭였다. "훈장이 눈에 어른거리면 죽는다. 승선번호 1번 사양해라. 공명심에 날뛰면 죽거나 다쳐. 엄마 말 꼭 명심해야 한다." 내 이마를 쓰다듬어 주시는 어머니의 손바닥은 더없이 부드럽고 따뜻했는데 갑자기 싸늘했다. 깨고 보니 꿈이다. 기분이 찜찜해졌다.

잠시 후 L중위가 찾아 왔다. 승선 1번을 양보해 달라고 했다. 그 당시 서울지역에는 흑백 티브이가 처음 방영되는 때였다. 서울에 있는 약혼녀 집에서 티브이를 보고 있을 테니 승선 1번으로 체면을 세우고 티브이에 인터뷰하는 모습을 보여 주어야 한다면서 간곡히 부탁했다. 내 마음대로 양보하는 게 아니라고 짐짓 거절하니, 나만 양보하면 제대장이 바꾸어도 좋다고 승인까지 받고 왔다면서 그 당시에 귀한 파카만년필을 주면서 간청하여 L중위에게 1번 승선을 양보하였다.

1번 승선을 양보하면서 문득 트로이 전쟁 때의 신화 한 토막이 생각되었다.

그리스 군은 트로이 땅을 최초로 밟는 그리스 인이 먼저 죽게 될 것이라는 신탁을 알고 있었으므로 아무도 먼저 상륙하려 하지 않았다. 용감한 프로테살라오스가 맨 먼저 상륙하여 몇 명의 적을 죽였으나, 마침내 헥토르에게 죽음을 당했다. 비통에 빠진 아내 라오다메아도 죽었다.

나중에 안 일이지만 승선번호 1번 승선자가 사망하거나 부상을 당하는 경우가 많았다고 들었다.

나는 일본국 시모노세키下關 항구의 부둣가에서 태어났다. 부모님께서 광복을 맞아 귀국선을 타기 위해 수속 중에 어머니께서 산기를 느끼셨고, 아무 사전준비도 없이 출산을 하셨단다. 배편을 구하느라고 홀몸도 아니면서 무리하셔서 출산일을 앞당겨 낳으셨던 것이다.

출산 1시간이 채 되지 않아 귀국선을 타게 되었고, 출생 이레 만에 창녕 본가로 돌아왔다고 한다. 할아버지는 생존 가능성이 희박하다고 이름조차 없이 지내다가 출생 100일이 더 지나서야 이름을 짓고 호적에 올렸다. "네가 죽지 않고 살아있다는 것이 기적이다."라는 이야기를 어른들로부터 참 많이 들었다. 산모가 미역국 한 그릇 못 먹고 몸조리를 못했으니 모유가 나오지 않아 동냥젖과 미음으로 자랐고 잔병치레로 유년시절을 보냈다. 그런 연유로 어머니는 나를 지극한 정성으로 돌보면서 훈육에 힘쓰셨다. 그러나 철이 없는 나는 어머니에게 형과 차별한다고 늘 불만이었다. 부모님 말씀에 무조건 복종하던 형과는 달리 반골기질로 부모님께 걱정을 많이 끼쳐드렸다. 그런 아들이건만 '어머니는 저승에서도 걱정을 하셨구나' 라는 생각에 가슴이 먹먹해졌다.

"파월 장병 여러분! 백 명의 베트콩을 놓치는 일이 있더라도 한 명의 양민을 보호해야 합니다. 그리고 절대로 죽어서는 안 됩니다. 남의 나라 자유를 지켜 주는 것도 살아 있어야 가능합니다. 반드시 살아서 돌아갑시다. 그리고 지금 우리나라는 단 1달러가 아쉬운 때입니다. 해외 근무수당은 받는 대로 본국에 송금합시다."

주월사령관 채명신 장군의 훈시는 지금도 생생하게 떠오른다. 인간의 삶은 어찌 보면 순간순간의 선택과 결정으로 이어가는 것 같다.

"훈장이 어른거리면 죽는다."

꿈속에서 만난 어머니의 말은 평생 잊을 수가 없다. 어머니는 선몽을 통해 '나대지 말고, 공명심에 날뛰지 말고, 모든 생명을 존중하라' 는 귀한 교훈을 주셨다.

나는 초급 장교시절 죽음에의 두려움으로 전쟁터로 가지 않으려 인사 청탁을 하였던 부끄러운 사실을 고백한다. 지난 일을 회상해 볼 때 이기적인 삶을 추구하여 쉽고 안전한 근무를 원했던 일이 부끄러움으로 다가와, 군 재직 중 장교의 책무와 맡은바 직무에 더욱 충실하려고 노력해 왔다.

이제 지상의 저녁을 주위 사람들의 본이 될 만한 나라보살과 같은 삶을 소망하며 살아가리라.

나의 영원한 애창곡

40여 년 전 일이다. 그때 알 수 없는 무언가에 시달리면서 청소년기를 보내고 있었다. 대학 진학의 꿈을 접고 군 입대를 기다리던 그 시기에 유일한 소일거리는 노래 부르기였다. 이미자의 〈동백 아가씨〉는 나의 주제곡이나 다름없었다.

> "헤일 수 없이 수많은 밤을 / 내 가슴 도려내는 아픔에 겨워 / 얼마나 울었던가 동백 아가씨 / 그리움에 지쳐서 울다 지쳐서 / 꽃잎은 빨갛게 멍이 들었소…."

짝사랑에 순정을 바쳤다가 실연했다는 진부한 표현의 노래이지만, 이 노래를 부르다 보면 나도 모르게 가슴 저변에서 알싸한 것이 전해져 왔다.

> "가신님은 그 언제 그 어느 날에 / 외로운 동백꽃 찾아오려나"

사관후보생으로 교육을 받고 군 입대를 하게 되었다. 교육 기간 중 애창곡(?)은 내 의지와는 관계없이 군가에 한정되었다. 학과 출장 시나 귀대할 때는 늘 군가를 부르면서 행진하였다.

대열이 갖추어지면 출발이다. "군가를 부른다. 군가는 〈진짜 사나이〉. 군가 시작. 하나, 둘, 셋, 넷!!" 지휘자의 구령에 맞추어 우리는 〈진짜사나이〉를 열창하며 열과 오를 맞추어 행진했다.

"사나이로 태어나서 할 일도 많다만 / 너와 나 나라 지키는 영광에 살았다. / 전투와 전투 속에 맺어진 전우야 / 산봉우리에 해 뜨고 해가 질 적에 / 부모형제 우릴 믿고 단잠을 이룬다."

군가를 부르며 발맞추어 행진하고 있노라면 어느새 잡된 생각은 싹 가셔지고 그저 발걸음마다 힘이 용솟음 치고, 나라와 겨레를 위해 목숨까지 바쳐도 아까움이 없는 호국의 간성이 되리라는 각오를 새로이 하곤 했다.

논산훈련소에서 신병 교육 중대장으로 근무하다 파월 명령을 받았다. 우리들은 국민들의 열렬한 환송을 받으며 전쟁터로 떠났다. 떠나는 사람과 보내는 사람 모두가 그 당시 국민가요나 다름없던 '맹호는 간다' 를 목청껏 불렀다. 군가는 죽음의 두려움을 떨쳐내는 힘이 되었고, 파월장병들의 사기를 올려 주는 약藥이 되었다.

"자유 통일 위하여 조국을 지키시다 / 조국의 이름으로 님들은 뽑혔으니 / 그 이름 맹호 부대 맹호 부대 용사들아 / 가시는 곳 월남 땅 하늘은

멀더라도 / 한결같은 겨레마음 님의 뒤를 따르리라. / 한결같은 겨레마음 님의 뒤를 따르리라."

남녀노소 모두가 즐겨 부르던 '월남에서 돌아온 김상사' '맹호는 간다'는 지금은 노래방 곡목에서조차 찾아볼 수 없다. 미국이나 호주처럼 고향에 6·25 참전자와 월남전 참전자의 기념동판 하나쯤 마련해 줄 만한 여유도 이젠 있으련만, 어디에도 조국의 명령에 따라 전쟁터에서 목숨 걸고 전투에 참가한 파월장병의 위상을 찾을 수 없다. 지금까지도 힘들게 투병하는 고엽제 환자들의 사연이 눈물겹다. 나라에서 당연히 책임져야 할 일이다.

군 복무 이십여 년 만에 예비역으로 전역하였지만, 나는 지금도 군가를 즐겨 부른다. 노래방에 가면 처음에는 서로 자신 없는 양 미루다 보면 분위기가 가라앉기 쉽다. 그럴 때 나는 노래방 벽면에 붙어 있는 인기 애창곡 모음 중에서 쉽게 번호를 찾아 노래 한 곡을 열창한다.

1절이 끝나면 개다리춤으로 분위기를 띄우고, 2절이 끝나면 자리에 앉아 동행한 일행들의 노래에 탬버린을 치며 멍석을 깔아준다. 그러면 내 임무는 끝났다. 노래책에서 열심히 분위기에 맞는 군가를 찾는다. 대체로 군가의 전주곡이 나오면 군대에 다녀온 대한민국의 남자들은 신명나게 따라 부른다. 군가는 예비역 장병들에게 아득한 향수를 느끼게 해주는 타임머신이다. 군에 간 아들이 있는 어머니를 위해서는 "신병 훈련 육개월에 / 작대기 두 개 / 그래도 그게 어디냐고 / 신나는 김일병 / 헤이 브라보 김일병" (중략) 손가락 두 개를 이마에 그으며 〈육군 김일병〉을 부르면 호응도는 만점으로 인기짱이 되기도 한다.

누군가 질문을 했다. 왜 하필 군가를 애창하느냐고…….

사실 나는 음치는 아니다. 그러나 박자관념이 희박한 박치인 것을 부인하지 않는다. 그래서 늘 잘 아는 노래, 불러본 노래만 부르게 된다. 대체로 군가가 내 음색과 감정에 잘 맞는 것 같다. 군가는 까다롭지 않아서 좋다. 혹 곡을 잘 몰라도 시작과 끝에서만 힘주어 소리 지르면 박자가 척척 맞게 되어있다. 군가 중에서도 나의 대표적 애창곡은 '전우야 잘 자라' '진짜 사나이' '전우가 남긴 한마디' 이다. 조국을 지키기 위해 용감히 싸우다 산화한 호국 영령들과 전우의 시체를 넘고 넘어 앞으로 전진 하는 국군용사들의 모습을 그리면서 이 노래를 부르다 보면 눈물이 나도록 이 조국을 사랑하고 싶어진다. 전쟁이 끝나고 승전가를 부르며 돌아오는 장병들의 그 늠름한 모습을 생각해 본다. 모든 작전 임무와 교육을 마치고 돌아올 때 군악대의 군악소리에 발 맞춰 행군하는, 씩씩하고 어떤 의미에서는 장엄하기까지 한 그 모습을 군대사회 밖에서는 이해하기 어려울 것이다.

노래는 사람의 마음을 푸근하게 해준다. 우리들 생활에 만약 노래가 없다면 활기 없는 사회는 삭막하고 침울하고 건조하기만 할 것이다. 즐겁게 살려는 노력 중 가장 귀한 것이 노래인 것 같다. 즐거워서 노래 부르는 것이 아니라 노래를 부르니까 즐거워지는 것이다. 슬픈 노래는 우리를 슬프게 하고 명량하고 씩씩한 노래는 사람의 마음을 기쁘게 한다.

군가는 개인이나 집단의 정서를 한곳에 집중시키는 힘이 있다. 사기 앙양에도 좋고 조직의 단결에도 좋을 뿐만 아니라 특히 심신의 단련에도 좋은 건강한 음악이다. 〈진짜 사나이〉를 불러보는 이 순간 내 마음은 이순이 지난 나이를 잊고, 사관후보생 시절의 초심으로 돌아가 새로운 힘이 솟는다.

어머니의 노래

무더운 여름밤이다. 바닷가 백사장에서 바다를 바라보니 귓가에 전해지는 파도소리가 온몸을 편안하게 감싼다. 하늘의 별들도 음악 소리를 내는 것 같다. 바다가 만들어 내는 풍아한 소리에 내 마음도 덩달아 춤을 추는 듯하다. 이처럼 바다에 서면 파도소리와 어우러져 아득했던 노래가 환청으로 들려온다.

1. 노들강변 봄버들 휘휘 늘어진 가지에다가
   무정세월 한 허리를 칭칭 동여 매어나 볼까.
   에헤요 봄버들도 못 믿을 이로다.
   푸르른 저기 저 물만 흘러 흘러가노라.

2. 노들강변 백사장 모래마다 밟은 자국
   만고풍상 비바람에 몇 번이나 지나갔나.
   에헤요 백사장도 못 믿을 이로다
   푸르른 저기 저 물만 흘러 흘러가노라.

3. 노들강변 푸른 물 네가 무슨 망령으로
제가 가인 아까운 몸 몇몇이나 데려 갔나.
에헤요 네가 진정 마음을 돌려서
이 세상 쌓인 한이나 두둥실 싣고서 가거라.

어머니가 즐겨 부르던 '노들강변'이다. 나는 중학생이 되어서야 이 노래가 1940년대에 만담가로 이름을 떨치던 신불출 작사, 문호철 작곡의 신민요 '노들강변'인 줄 알았다.

내가 아홉 살 때 20대 후반의 외삼촌이 돌아가셨다. 당시 ○○면 부면장副面長이셨던 외삼촌은 어릴 적부터 신동이라 불리던 한학자요, 사상가요, 시조시인이자 서예가로 주목을 받았다. 외할머니께서는 딸 넷을 두고 아들을 얻기 위해서 넷째인 어머니의 이름을 '둘님'이라고 짓고 사내처럼 남장男裝을 해서 키웠다고 한다.

외삼촌은 외할머니께서 부끄러움을 무릅쓰고 몸소 바랑을 메시고 인근 마을 삼백 집을 돌며 목탁을 치고 탁발하여 부처님께 시주하고 공들여 얻은 귀한 3대 독자였다고 한다.

어머니 자매 네 분이 합심하여 6·25 동란 중에도 외삼촌을 숨겨 목숨을 살렸는데 피난에서 돌아온 후 2년이 채 못 되어 세상을 떠났으니 그 슬픔이 오죽하였을까? 그 중에서도 유난히 정이 많고 외삼촌과 우애가 깊었던 어머니는 몸을 가누지 못할 정도로 슬픔에 빠져 오랜 시일 동안 식음을 전폐하고 울먹이며 하루하루를 눈물로 보내셨다.

어느 날, 학교에서 돌아오니 방문 틈으로 목울음 섞인 어머니의 노래 소리가 들려왔다. 흐느끼는 것 같기도 하고 읊조리는 것 같기도 한 가락으로, 어머니는 청승스럽게 흥얼거리고 있었다. 어머니에게서 전해지는, 말로는 표현 못할 슬픔을 온몸으로 느끼며, 나도 따라 흐느꼈던 일이 생각난다. 특히 어머니는 그 노래의 3절을 계속 반복했다. 어머니의 노래는 어둠살이 질 무렵, 마실 가셨던 할머니가 돌아오셔서야 끝나곤 했다.

여자에게 친정은 마음의 고향이다. 외삼촌은 어머니께 친정 동생이 아니라 우상이었다. 우상을 잃은 어머니의 마음은 너무나도 아팠을 것이다. 육친에 대한 핏빛 그리움을 어쩌지 못해 노래로 달래던 어머니의 심정을 지금에야 이해할 것 같다.

외가 입구에 자리한 외삼촌의 산소에는 시비詩碑가 서 있다. 어릴 적 소년 천재로 소문난 외삼촌은 많은 시와 산문을 남겼다고 한다. 그 중에 노들강변이란 시조가 있었고, 세상에 노래로 발표되었다는 이야기를 들은 바 있다. 이제는 증언해줄 사람이 아무도 없다.

노란 양단저고리에 까만 비로드 치마, 참빗으로 머리 빗고 가르마질하고 비녀 꽂은 어머니의 젊은 모습이 눈에 어린다. 당시 오늘날 고급승용차보다 더 귀한 자전거를 타고, 양복차림에 빨간 가죽가방을 메고 우리집에 다니러 오시던 외삼촌의 모습도 떠오른다. 손가락에 소금 묻혀 양치질하던 그 시절에, 외삼촌으로부터 선물 받은 칫솔 한 개와 가루치약의 추억은 지금도 생생하다.

이미 세상을 떠났지만, 한을 삭이며 부르시던 어머니의 노래는 그리움의 매듭으로 남아 있다. 가끔 어머니에 대한 그리움을 담아 '노들강변'을 불러본다. 때로는 감정에 북받쳐 눈물을 보이기도 하지만, 목청껏 부르고 나면 위안이 되고, 사라져버린 어머니와의 기억들이 샘물처럼 퐁퐁 솟아나 허기진 삶을 채운다.

이제 시름을 토해내는 타령조 같은 어머니의 '노들강변'이 아니다. 탬버린을 흔들며 장단을 맞춰 흥겹게 노래하는 아들의 '노들강변'으로 모자간의 애창곡은 이어질 게다.

어머니 수심가

울타리에 발을 얹고 멧새가 노래하는데
수목에 물오르는 소리를 흉내 내는데
가슴에 스미어 번지던 수심가를 닮았네

눈감아도
입 닫아도
이명의 귀
열어두네

긴 봄날 한나절을
노래로 달래시던

어머니 수심가 한 소절을
멧새 따라 불러보네.

생사를 같이 했던 전우야

6월은 조국이 참으로 어려웠던 시절 전선으로 달려 나가 몸을 던져 조국을 지킨 이들을 생각하는 달.

"여기 민족의 얼이 서린 곳. 조국과 함께 영원히 가는 이들. 해와 달이 이 언덕을 보호하리라."는 글이 검은 대리석 벽에 새겨져 있는 국립묘지의 호국영령들에게 한 송이 꽃을 바치며 여기 누워있는 영령들이 싸울 때 나는 어디서 무엇을 했느냐고 스스로에게 물어 보아야 하는 달이다.

6월이 되면 유독 떠오르는 시 한 편과 노래들이 있다. 자유와 조국애를 노래한 모윤숙 시인의 애국詩「국군은 죽어서 말한다」

이 詩는 필자가 20대 초반, 초급장교 때 애송하던 詩로 지금도 나의 가슴을 뜨겁게 한다.

산 옆 외따른 골자기에
혼자 누워있는 국군을 본다.

아무 말, 아무 움직임 없이
하늘을 향해 눈을 감은 국군을 본다

누른 유니폼 햇빛에 반작이는 어깨의 표지
그대는 자랑스런 대한민국의 소위였고나
가슴에선 아직도 더운 피가 뿜어 나온다.

장미 냄새보다 더 짙은 피의 향기여!
엎드려 그 젊은 주검을 통곡하며
나는 듣노라! 그대가 주고 간 마지막 말을…
(중략)

■ 노래 하나

6·25전쟁 중에 초등학교에 갓 입학한 우리는 공산 오랑캐를 무찌르는 전쟁놀이로 어린시절을 보냈다. 그 당시 우리 또래 어린이들이 즐겨 부르던 '승리의 노래'를 생각한다.

1. 무찌르자 오랑캐 몇 백만이냐
   대한 남아 가는데 초개로구나.

2. 쳐부수자 공산군 몇 천만이냐
   우리국군 진격에 섬멸뿐이다
   (후렴)
   나아가자 나아가 승리의 길로
   나아가자 나아가 승리의 길로

■ 노래 둘

옛날 학창시절 매년 6·25가 되면 뜨거운 여름, 운동장에서 교장선생님의 긴 훈시를 들으며 지금은 점차 잊혀져 가는 '6·25의 노래'를 비장한 감동으로 힘차게 부르면서 원수에 대한 적개심을 키웠다.

1. 아아 잊으랴 어찌 우리 이날을
   조국의 원수들이 짓밟아 오던 날을
   맨주먹 붉은피로 원수를 막아내어
   발을 굴러 땅을 치면 의분에 떤 날을

2. 아아 잊으랴 어찌 우리 이날을
   불의의 역도들을 멧도적 오랑캐를
   하늘의 힘을 빌어 모조리 쳐부수어
   흘러온 값진 피의 원한을 풀으리
   (후렴)
   이제야 갚으리 그날의 원수를 쫓기는 적의 무리 쫓고 또 쫓아
   원수의 하나까지 쳐서 무찔러 이제야 빛내리 이나라 이겨례

■ 노래 셋

9·28 수복 직후 우리 국군과 유엔군이 북진하기 시작할 때 일반가요와 함께 전. 후방에서 널리 유행되었던 진중陣中가요 '전우야 잘자라'는 필자가 군대 생활중 애창곡으로 나는 지금도 조국을 지키기 위해 용감히 싸우다 산화한 호국영령들과 전우의 시체를 넘고 넘어 앞으로 전진하는 국군 용사들의 모습을 그리면서 자주 "전우야 잘자라"를 부른다.

1. 전우의 시체를 넘고 넘어 앞으로 앞으로
낙동강아 잘있거라 우리는 전진한다.
원한이야 피에 맺힌 적군을 무찌르고서
꽃잎처럼 떨어져간 전우야 잘자라

2. 우거진 수풀을 헤치면서 앞으로 앞으로
추풍령아 잘있거라 우리는 돌진한다.
달빛어린 고개에서 마지막 나누어 먹던
화랑담배 연기속에 사라진 전우야

■ 노래 넷

나는 고등학교를 졸업한 이듬해 갑종장교 간부 후보 202기로 임관. 야전군에서 보병 소대장 근무를 마치고, 육군(논산)훈련소에서 신병교육 중대장(계급 : 중위)으로 보직받아 근무 중, 국가의 부름에 따라 월남전에 참전했다. 당시 갑종장교202기 동기회는 198명의 임관 동기생 중, 약 80여 명의 동기생들이 주로 보병 소대장으로 참전하여 그 중 10명의 동기생이 전사했다.

6월이 되면 동작동 국립묘지에 잠들어 있는 그들과 월남전에 참전하여 유명을 달리한 전우들을 생각하며 '전우가 남긴 한마디'를 불러보며 그들을 추모한다.

1. 생사를 같이 했던 전우야 정말 그립구나 그리워
총알이 빗발치던 전쟁터 정말 용감했던 전우야
조국을 위해 목숨을 바친 정의의 사나이가
마지막 남긴 그 한마디가 가슴을 찌릅니다
이몸은 죽어서도 조국을 정말 지키겠노라고

2. 전우가 못다했던 그 소망 내가 이루고야 말겠소
전우가 뿌려놓은 밑거름 지금 싹이 트고 있다네
우리도 같이 전우를 따라 그 뜻을 이룩하리
마지막 남긴 그 한마디가 아직도 쟁쟁한데
이몸은 흙이돼도 조국을 정말 사랑하겠노라고

지금 세상은 많이 변했다. 공산주의 종주국인 소련이 몰락한 지 오래고 6·25전쟁을 도발하여 우리 민족에게 엄청난 피해와 불행을 가져다 준 북한 당국과 6·25전쟁에 참전한 원수, 중국 사람들과도 교류하고 있다. 지금 우리는 그들을 용서할 수 있고 또 그렇게 하지 않을 수 없는 시대에 살고 있다.

그러나 불행한 역사를 되풀이 하지 않기 위해 어떤 경우에도 6·25전쟁과 그것을 일으킨 사람들을 잊어서도 안 되고 잊을 수도 없다는 것을 명심해야 한다.

6월은 호국 보훈의 달이고 6월 6일은 조국과 자유를 지키기 위하여 자기의 하나밖에 없는 목숨을 민족의 제단 앞에 용감하게 바친 호국 영령들을 추모하는 현충일이다. 현충일은 위대한 영웅들의 날이 아니라 국가의 부름을 받아 기꺼이 전장에서 목숨을 바친 평범한 국민 한 사람 한 사람의 희생을 기리는 날이다. 우리 사회는 지금 '주적主敵' 이 누구인지를 두고도 혼돈에 빠져있다. 현충일은 이제 단순한 과거의 희생을 기리는 그런 날이 아니라, 또 다가올지 모르는 국가적 위험에 대비하기 위한 마음가짐을 가다듬는 그런 현충일이 되어야한다.

"지나가는 길손이여! 그대는 내가 왜 죽었느냐고 묻기 전에 그대는 조국을 위해 무엇을 했으며 또 무엇을 할 것인가를 생각하라"는 한 병사의 묘비에 새겨진 글은 무엇을 의미하는 것일까?

호국의 달 6월에, 우리가 분명히 생각할 것은 평화는 그것을 지킬 힘이 있을 때 가능하다는 말일 것이다. 역사의 교훈을 외면하는 민족은 지난 역사를 반복케 된다는 무서운 교훈 앞에서 지금 우리는 무엇을 생각하고 어디로 가고 있는가를 자신에게 엄숙히 물어 볼 일이다.

깃발

파아란 하늘을 날고 있는
새 한 마리 자유롭구나
나를 오라 부르는 깃발처럼 펄럭이는데
님들의 몸짓으로 보이는데

한때 님들은
저 깃발처럼 펄럭이었다
자유의 깃발아래 뭇 목숨들이 환호했었다
한 방울의 붉은 피가 떨어져
새 생명이 되고 노래가 되고 춤이 되는 걸 봤었다
조국의 숨결이 꺼지려고 했을 때
세계의 평화가 깨어지려 했을 때
다시 불씨 살린 깃발이여
너의 이름은 자유였네

우리는 아직도
자유의 깃발을 완성하지 못하였나니

부모 형제들이여
손잡고 일어서자
조국을 위해 다시 한 번
깃발이 되자

*호국보훈의 달을 맞아 6·25와 베트남戰 참전용사들께 바치는 헌시

추억 자리에

차달숙 수필집 서서

2
나의 애장 수필과 나의 삶

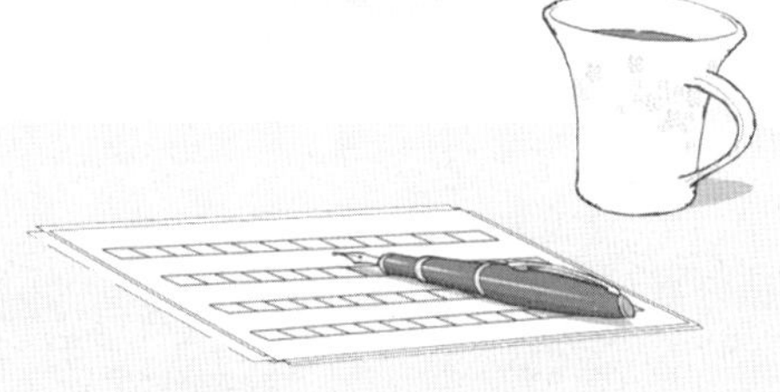

나의 애장 수필과 나의 삶

화장하는 남자

거울 앞에 섰다. 눈가에 주름이 자글자글하다. 요즘 들어 부쩍 줄어든 머리카락과 넓어져 가는 이마, 실핏줄이 빨갛게 부풀어 오른 코가 나를 주눅 들게 한다.

지난해 봄, 미얀마 여행을 다녀온 이후 코에 빨간 실핏줄이 돋더니 술 취한 사람의 코처럼 새빨간 '딸기코'로 변해갔다. 처음에는 대수롭지 않게 생각했는데, 어느 날 여섯 살 난 손주 녀석이 "할아버지 코가 왜 빨개요?" 한다. 어린아이 눈에도 이상하게 보였나 보다. 이제는 눈에 띄게 루돌프 사슴코가 되어버렸다. 주말이나 밤늦은 시간 운전을 하다보면 경찰관이 음주단속 측정기를 내민다. "후 우"하고 측정기에 대고 불자 수치를 본 경찰관이 고개를 갸우뚱한다. 그는 다시 한 번 더 불라고 한다. 빨간 코를 보고 음주운전자로 생각하는 눈치다. 평소 술을 즐겨하지 않는 나로서는 이런 상황이 그저 황당하고 억울할 따름이다.

얼마 전에는 혹시 큰 병의 징조가 아닌가 걱정되어 병원을 찾았다. 의사선생님의 설명에 의하면 '딸기코'는 코 주위에 발생하는 만성 충혈성 질환의 일종으로 의학용어로는 '주사' 또는 '주사비'라고 했다. 코의 혈관이 수축을 제대로 하지 못해 술에 취한 듯이 항상 붉은 색을 띄고 있지만, 술이 직접적인 원인은 아니라고 한다. 그런데도 '주사'라는 명칭 때문에 술이 원인인 것처럼 오인하기 쉽다.

뜨거운 음식, 음주, 일광, 스트레스, 여드름, 심한 운동 등이 증세를 심화시킨다고 알려져 있을 뿐 확실한 원인은 밝혀진 바 없다고 한다. 최근엔 혈관의 숫자를 줄여주는 레이저 요법이 많이 사용되고 보통 두 세 달 간격으로 3~5회 정도 치료를 받으면 좋은 효과를 볼 수 있다고 하며 레이저 치료를 권했다. 덤으로 얼굴에 나타난 조그마한 검버섯도 깨끗이 해결해 주겠다고 한다. 그런데 보험이 적용되지 않아 치료비가 만만치 않다. 게다가 꽉 짜여진 민방위 교육 일정과 연수원 강의 일정도 고려해야 한다. 그리고 확실하게 완치를 보장하는 것도 아니니 선뜻 제안을 받아들일 수 없다는 생각이 들었다. 햇빛에 노출되면 혈관을 싸고 있는 탄력섬유가 손상되므로 외출할 때는 자외선 차단제를 바르라는 의사의 권유를 듣고 연고를 처방 받았다.

예로부터 인재등용이나 사람의 됨됨이를 평가하는 기준이 있다. 신언서판身言書判이라 하여 외모, 말씨, 글씨, 판단력을 의미하는데, 외모가 가장 먼저이니 생긴 모습이 먼저 눈에 들어온다는 의미일 것이다.

요즈음의 우리 사회는 외모가 못 생기고 뚱뚱한 여성들은 취업에 불이익을 받는 경향이 있을 정도로 얼굴 잘생긴 얼짱, 몸매가 예쁜 몸짱들의 전성시대다. 너도나도 외모를 가꾸고 다듬는다. 그것으로도 부족하여 수술을 해서까지 얼굴과 몸을 고치기도 한다. 예쁜 여자강도의 얼굴이 언론에 공개 수배되자 얼짱강도 팬클럽이 생길 정도로 외모가 상품이 되어버린 세상이다.

집으로 돌아오며 생각하니 일요일에 약속된 결혼식 주례 설 일이 걱정이다. 딸기코 주례의 희극적인 모습에 엄숙한 표정을 지척에서 보게 될 신랑신부의 모습이 스치면서, 일생동안 남을 그들의 사진에 루돌프 사슴코 주례라니…… 생각만 해도 기가 막힌다. 술을 즐기지도 않는 나에게 왜 하필 '주사비' 인가? 남자 된 자가 술을 가까이 하지 않는다고 조물주께서 그래도 술 주酒자 하나는 가져보라는 장난기 있는 선물(?)인가.

공연히 속이 상하고 화가 치민다. 그러다 문득 '몸에 병 없기를 바라지 마라. 몸에 병이 없으면 탐욕이 생기기 쉽나니 그래서 성인이 말씀하시기를 병고로써 양약을 삼으라 하였느니라' 라는 보왕삼매론寶王三昧論의 말씀 한 구절이 떠올랐다.

마음을 가라앉히고 피부과에 근무하는 친구에게 전화를 했다. 친구는 나의 사정을 듣고는 상처부위 주변에 화장을 해 보는 게 좋겠다고 일러 주었다. 언젠가 국내 원로 여배우 중 한사람도 얼굴의 푸른 반점을 '특수화장' 으로 가리고 최고의 여배우가 되었다고 한다. 그래, 병은 자랑하라는 옛말이 꼭 맞는구나. 기분이 은근히 좋아진다.

집 근처의 화장품 가게를 찾았다. 사정 이야기를 들은 주인아주머니도 겨울철만 되면 콧등이 빨개진다며 화장으로 가려주는 것 말고는 특별한 방법이 없었다고 한다. 방법은 간단했다. 자신의 피부색과 가장 가까운 '컨실러' 를 상처부위에 바른 후 가볍게 문지르고, 그 위에

다 '파우더팩트'를 스펀지에 묻혀 톡톡 두드려 칠해주면 끝이다. 어느새 빨강코는 흔적을 감추고 활짝 웃는 얼굴이 나를 마주 보고 있다.

조만간 레이저수술로 치료하겠지만 당분간은 '화장하는 남자'로 지내야할 것 같다. '화장하는 남자'라고 생각하니 이상하게 느껴진다. 뉴스에 오르내리던 짙은 화장의 '여장남자'의 이야기가 생각나기도 한다. 그러나 생각을 바꾸었다. 나의 화장은 일종의 '재활치료' 라고 생각하니 마음도 홀가분해지고 당당해지기도 한다. 이래서 모든 일은 마음먹기대로 라고 하는가 보다. 화장을 하면서 비로소 잃었던 자신감을 되찾는다. 거울을 보며 활짝 웃어본다. 나는 오늘도 화장하는 남자다.

「화장하는 남자」는 사람의 외모 중 가장 중요한 이목구비에 관한 나의 치부를 드러낸 작품이다. 애장수필로 선정한 것은 2004년 작품발표 후 이 글이 한때 인터넷에서 널리 퍼져 많은 사람들로부터 사랑을 받았기 때문이다. 딸기코 콤플렉스를 이 한편의 고백수필로 해결할 수 있었고 독자들로부터 용기 있는 수필가란 평판과 사랑을 받았다. 보잘 것 없는 숨은 재능을 인정해주고 격려해준 독자들의 사랑에 힘을 얻는다. 늘 고마운 마음이다.

■ 나의 문학의 시작은 수필이었다.

야전군 대대장으로 복무하던 어느 날 부부동반으로 부대 회식이 있었던 날 밤으로 기억한다.

얼근히 취해서 관사로 돌아왔다. 군가였던지 유행가였던지 잘 모르겠으나 나는 노래를 흥얼거렸던 것 같다. 아내도 노래를 따라 부르더니 지난날이 생각난다고 했다. 학창시절과 초급장교 시절 시를 쓸 때의 내 모습이 너무 좋았다고, 글을 다시 써보라고 졸랐다. 글을 쓰면 마음이 가라앉지 않느냐고, 괄괄한 내 성격을 은근슬쩍 비난했다. 기분이 좋아진 나는 아내의 말을 따르겠노라고 호기롭게 약속을 하고 말았다.

마침 진중수기 모집이 있어 내 지난날의 군 생활을 진솔하게 쓰려고 애를 썼고, 그 뜻을 심사위원들께서 아셨는지 대대장 수기 「용문산에 부는 바람」이 1982년 호국문예공모에 당선되어 수필과 인연을 맺게 되었다.

그로부터 4년 후 1986년 마흔 한 살 나이로 계급정년(중령 9년)에 밀려 스무 살 때부터 21년간 입었던 군복을 벗어야했다. 군대지식은 사회에서 아무 쓸모가 없었지만, 군 생활 때부터 조금씩 익힌 글쓰기는 사회생활의 일거리를 마련해 주고 도움이 되기도 하였다. 10여 년간 틈틈이 쓴 칼럼을 모아 1999년에 첫 작품집 『마음 따라 달라지는 인생살이』를 상재하고 부산불교문인협회에 가입하여 수필가로 문단활동을 시작하였다. 2000년에 『성공의 저 언덕을 향해』를 상재하는 등 직업적인 이유로 칼럼에 정신을 팔고 있을 때, 부산문인협회 가입을 하려면 작품집보다는 문예지를 통해 등단해야 떳떳하다는 주위 문우들의 권유로 2003년 월간 『한맥문학』으로 수필가로 재등단 절차를 밟았다.

아내는 내가 산문보다는 운문 쪽으로 공부하기를 원했으나 왠지 그 쪽은 내가 싫었다. 학창시절부터 시를 많이 읽었지만 시인이 되겠다는 생각은 없었기에 시에는 관심을 갖지 않았다. 시에 대한 유혹도 있었으나 칼럼과 수필만 쓰기로 마음먹었다. 이것저것 손대는 사람치고 제대로 된 작품 만나기 쉽지 않은 것을 종종 보았기 때문이었다. 제대로 된 우물 하나를 파자는 심사였다. 그즈음의 생활은 순조로워 가정이며 직장 모두 편안했었다. 다만 변화가 있었다면 아내도 글을 쓰고 싶어 했다. 아내도 몇 년간의 문학 수업 끝에『문학도시』로 등단 절차를 밟아 수필가라는 이름을 달게 되어 부부 수필가가 되었다. 부부는 살아가면서 닮는다고 하더니 우리 부부도 차츰 닮아가는 얼굴과 수필을 사랑하는 공통점으로 더욱 가까워졌다. 그러나 행복은 거기까지였다.

아내가 암으로 덜컥 눕고 말았다. 아내가 세상을 떠나기 전 서둘러 부부 수필집『어머니의 팔베개』를 상재하고 2주 만에 아내는 다시 못 올 먼 여행을 떠났다.

■ 인생의 변곡점에서 만난 시

눈물의 세월을 보내고 있을 때 시인 C형으로부터 만나자는 전화가 왔었다. 서로 이름 정도의 안면밖에 없는 사이였다. 밥 얻어먹자고 전화했나 싶었다. 거기에 곁들여 헤어질 때는 차비까지 달라고 했다. 울컥했으나 하루 일진치고는 코 깨진 기분이라고 생각하며 돌아서는데 다시 불러 세웠다.

"마누라 죽었다고 요즘 많이 운다면서? 차 선생! 시 한 번 써봐. 제목은 '아내의 텃밭' 어때? 수필보다 시가 적합할 것 같은데……."

그는 뒤도 돌아보지 않고 사라져갔지만 불쑥 던진 한 마디 말, '아내의 텃밭' 그 말이 너무 가슴에 와 닿아서 아내에 대한 그리움을 정신없이 쓰고 또 썼다.

'든 자리는 몰라도 난 자리는 안다.' 고 같이 살 때는 몰랐던 그 자리, 가고 없는 빈자리가 되었을 때의 심정은 시로, 그리움으로, 피어나고,

울면서도 나는 행복했다. 세상을 달리한 아내와 대화할 수 있는 방법은 오직 시 뿐이었다. 그렇게 하여 출간된 시집이『아내의 텃밭』이었다.

외로운 내 영혼의 뜨락에 내리는 빛으로 찾아와준 시는 삶의 변곡점에서 숙명처럼 이렇게 만나『세한의 저녁달』,『사랑의 배접』,『을숙도에 띄운 나의 연서』,『지상의 저녁』,『낙동강에 띄운 나의 연서』등 6권의 시집을 상재하면서 지금도 수필과 더불어 문학여행을 진행 중이다.

■ 시조로 허기진 삶을 채우시던 어머니

초등학교 3학년 때의 일이다. 어느 날 학교에서 돌아오니 방문 틈으로 목울음 섞인 어머니의 노래 소리가 들려왔다. 흐느끼는 것 같기도 하고 읊조리는 것 같기도 한 가락으로, 어머니는 청승스럽게 흥얼거리고 있었다. 어머니에게서 전해지는, 말로는 표현 못할 슬픔을 온몸으로 느끼며, 나도 따라 흐느꼈던 일이 생각난다.

스물 아홉의 나이로 외삼촌이 돌아가신 것이었다. 당시 ○○면 부면장이셨던 외삼촌은 어릴 적부터 신동이라 불리던 한학자요, 사상가요, 시조시인으로, 많은 시와 산문을 남겼다고 한다. 외삼촌은 외할머니께서 부끄러움을 무릅쓰고 몸소 바랑을 메시고 인근마을 삼백 집을 돌며 목탁을 치고 탁발하여 부처님께 시주하고 공들여 얻은 귀한 3대 독자였다.

유난히 정이 많고 외삼촌과 우애가 깊었던 어머니는 몸을 가누지 못할 정도로 슬픔에 빠져 오랜 시일 동안 식음을 전폐하고 울먹이며 하루하루를 눈물로 보내면서 시조를 읊으면서 외삼촌에 대한 그리움을 달래곤 하셨다.

아버지는 논밭에서 열심히 일하고 있는 한낮에, 시조창을 하고 있는 어머니를 이해하지 못했던 어린 나는 어머니 앞에서 심통을 부리곤 하였다.

빛바랜 공책에 적힌 외삼촌의 습작을 들추어가며, 육친에 대한 핏빛 그리움을 어쩌지 못해, 한을 삭이며 시조창으로 달래던 어머니의 심정을 지금에야 이해할 것 같다. 시조로 허기진 삶을 채우시던 어머니의 기억들이 샘물처럼 퐁퐁 솟아올라 시조시인으로 이름을 올렸다. 시름을 토해내는 타령조 같은 어머니의 시조창이 아닌 아들의 시조작품으로 모자간의 시조사랑을 이어 가려한다.

■ 앞으로의 문학 활동

나의 문학 작품은 죽은 아내와 어머님의 영향이 크다. 흔적을 지우려고 애를 써도 쉽지 않다. 홀로 있는 시간이 많아지고, 그때마다 새록새록 생각나는 부모님과 아내 생각에 나를 잊기도 한다. 그 시간 속으로 나의 시가 오고 시조와 수필이 온다. 어떤 때는 또렷한 환영으로 오기도 하는데, 그런 때는 쉽게 글이 쓰여진다. 그러나 보일 듯 말 듯 할 때의 고통은 표현하기 어렵다.

수필 시 시조 장르를 모두 하다 보니 여러 문예지에서 청탁이 온다. 대개 사양하는 경우가 많다. 원고료가 없다고 하면 더욱 그러하다. 되지도 않은 글을 억지로 짜내기도 싫고 또 글빚에 심신이 묶이는 것이 싫기 때문이다.

100년 전 작품을 지금 읽어도 기쁨과 위로와 희망을 주는 글이 있다. 세상이 변한다 해도 문학이란 장르는 남을 것이다. 내 작품과 파장

(코드)이 맞는 독자를 만날 수 있다는 그런 희망으로 나의 글쓰기는 에너지를 쏟을 것이다.

언제 어디에 내놓아도 부끄럽지 않는 작품을 쓰고 싶은 간절한 열망을 가슴속에 품고, 나는 시인으로, 수필가로, 시조시인으로 열심히 창작활동을 하려 한다.

봄이 오는 길목에서

봄이 오니 온 누리에 삶의 열망이 가득하다.

우수 경칩이 지난 산과 들은 새댁의 임신한 배처럼 부풀어 오른다. 생명의 열락悅樂과 살아있음에 대한 찬가로 피어나는 아지랑이가 따스하다. 땅 속으로 흐르고 허공에 넘치는 생명의 파동波動 앞에 나도 함께 출렁인다.

사부작사부작 산등성이에 오르니 청아한 새싹의 짙은 향기가 바람에 묻어온다. 금방 심신이 정결해지는 것만 같다. 그 바람은 우리의 가슴을 열게 하고 가슴 깊이 산 내음을 마시게 한다. 춘산의 바람은 겨울의 냉기를 걷어내는 산의 입김이리라. 버섯 냄새, 솔잎 냄새, 생강꽃 냄새 같은 산 내음은 산등성이에 내려앉은 묵은 겨울을 비질로 쓸어낸다.

계곡에서는 앳된망정 당당한 울림이 들려온다. 얼음 사슬을 풀고 흐르는 물소리는 생명을 잉태한 양수羊水로써의 사랑의 온기가 배어 있다. 흘러내리는 억양이 봄을 부르는 소리요, 봄을 맞이하는 환호성이다. 물소리가 영롱하고 부서지는 울림이 향 맑다.

후미진 골짜기에는 가냘픈 새싹들이, 갖은 장애물을 뚫고 대지 위에 얼굴을 내밀고 있다. 그 억센 생명력에 감탄하여 내 무딘 가슴도 열린다. 그러면서 내가 그의 생명력 성장에 아무 이익도 보태지 못한 부끄럼 같은 기분을 맛본다. 따뜻한 생명의 질감에서 문득 '모두가 우주의 대질서 속에 한 식구'라는 고마움이 솟아오른다. 저기 저 생명과 내 생명이 한 가지로 통하고 둘이 아님을 느끼기 때문이다. 저기 저 새싹과 더불어 내 생명도 함께 있음을 보기 때문이다.

자연의 원리로 닿는 봄이 아니라 일상을 엮는 마음의 봄을 생각한다. 봄의 서정抒情은 풀밭에 이불처럼 깔리고, 봄을 깔고 누우면 속기로 찌들은 가슴 속에서 잊혀진 고향을 생각하듯 우리를 돌아보게 한다. 봄이 가고 오는 것은 무심히 가고 오는 것이 아니다. 계절의 순환은 우리에게 오는 자연의 채찍일 수 있다. 함부로 살고 함부로 말하며 살아가는 우리의 일상日常을 되돌아보게 한다.

이 봄은, 이 향기는 내 안에서부터 일어나야한다. 새로운 눈, 새로운 생명으로 내 존재의 봄이 움터나야 한다. 모든 것들이 새롭게 거듭나는데 나는 그대로 옛 껍질을 벗지 못하고서는 이 생명의 향연에 참여할 수가 없다. 자연의 봄만이 아닌 내 생명의 봄이 와야 한다. 산과 들에 가득히 들려오는 봄의 소리를, 저 훈풍에 실려 오는 자연의 가르침을 어찌 그냥 지나칠 수 있겠는가!

봄을 낭만적으로 맞이하면 영롱한 꿈으로 채색된 봄을 본다. 봄을 시름으로 맞이하면 하품 나는 지루한 봄이 된다. 바위도 숨 쉬고 고목도 숨 쉬는 생명과 질서가 조용히 오가는 봄의 길목에서, 자연에만 아름답고 포근한 봄이 돌아올 것이 아니라 우리네 사람들의 마음속에도 봄이 찾아왔으면 한다.

이른 봄早春

봄 가뭄 때 샘물처럼
윤슬 담은 햇살에

빈집에 눈을 뜨는
햇잎들 소곤된다

대나무
여린 가지가
하늘 끝에
더 푸르다

내 이름의 향기

내게는 이름이 두 개 있다. 하나는 친지들이 나를 부르는 '달식達植' 이란 이름이고, 또 다른 하나는 호적에 올라 있는 '달숙達淑' 이란 이름이다.

'달숙達淑' 은 유난히 술을 즐기시던 조부님의 실수 때문에 생긴 이름이다. 출생신고를 하러 가던 날, 동네 친구 분들과 거나하게 약주를 하신 할아버지의 분명치 못한 발음을 공무원이 잘못 알아듣고 기재한 것이 그대로 내 이름이 되었던 것이다.

할아버지와 대한민국 공무원의 합작품인, 남자 이름으로는 드문 '달숙達淑' 이란 이름 때문에 황당한 일을 겪는 경우가 종종 있다.

가끔씩은 친구 부인들이 남편의 수첩에서 내 이름을 보고 여자 친구로 오해하여 슬쩍 확인전화를 하기도 했다.

파월 장병의 일원으로 월남에 가는 배에서는 여자 이름 때문에 간호장교와 같은 방에 배정되는 해프닝도 있었고, 우편물이 올 때 차달숙 여사님으로 오는 경우도 자주 있었다. 또, 명함이나 회원 명부를 보고 전화를 처음 하신 분들 중에는 여자인 줄 알았다며 멋쩍어 하시는 분들도 있다.

기억하기 쉬운 이름이라 학창시절에 선생님들은 내 이름을 쉽게 기억하시고는 질문을 자주 하셨다. 군 재직 중에도 예외가 아니었다. 지휘관이 부임하면 예하 부대장이나 참모 중에서 여자 이름인 내 이름을 제일 먼저 기억 하시고, 단위대장 회의나 전술 토론회에서 빠뜨리지 않고 꼭 나를 지명하였다. 그래서 늘 예상되는 질문에 긴장하게 되고, 답을 미리 준비해둬야 했다.

세상에는 별의별 이름이 다 있다. 박친구, 전진, 신선, 한국인 등 한 번 들으면 기억하기 좋은 이름이 있는가 하면 전남대, 강원대, 한성대 등 대학관련 이름도 있다. 육장군, 최순경, 조판사 등 직업과 관련된 이름도 있고, 이인간, 배신자, 주길년, 성고문 등 차마 입에 올리기 거북한 이름도 있다. 또, 항렬에 맞추어 한자에 집착하다보니 그 발음이 생각지도 않았던 궂은 이름이 되어서 피해를 보는 경우도 있다. '김치국金治國'이나 '나죽자羅竹子' 같은 경우가 그렇다. 그러나 남들이 뭐라고 하든 당사자에게는 소중한 이름이다. 자동차가 처음 들어 왔을 때 이걸 전차라고 부를 것인지, 승합버스라고 부를 것인지를 두고 논란이 있었다고 한다. 전차는 안에서 담배를 피워도 되지만, 승합버스는 금연 구역이 되었기 때문이라는데 모든 것에 이름이 중요한 이유가 여기에 있다.

한 때 '내 이름은 김삼순', '굳세어라 금순아', '친절한 금자씨' 등 촌스러운 이름의 주인공이 등장하는 드라마나 영화가 뜬 적이 있다. 이름보다는 환경이나 주위의 시선에 상관없이 씩씩하게 자기 길을 가는 주인공들의 건강한 성품이나 인간적인 면이 보는 이로 하여금 친근하고 공감을 주는 것이 아닌가 생각한다. 나 또한 터프한 성격이 있는 반면, 여자 같은 이름 덕인지 남을 잘 챙겨주는 부드러움도 있다는 이야기를 종종 듣는다. 한때는 개명하려고도 했지만, 이제는 삼순이, 금순이, 금자처럼 내 이름도 누구에게나 쉽게 다가설 수 있는 정겨운 이름이라는 생각이 들어 소중하고 사랑스럽다.

이순耳順의 고개를 넘으며 평생 나와 함께 해온 달숙達淑이라는 이 이름을 보듬고 오래도록 함께 살아갈 것이다. 때때로 누군가를 부르는 이름에서 그 사람만의 향기가 느껴진다. 그것은 씌어진 이름 석자에서 풍겨 나오는 것이 아니다. 자신의 이름을 걸고 열심히 살아온 사람만이 지닐 수 있는 향기이며 쉬지 않고 걸어온 사람만이 얻을 수 있는 생生의 선물이다. 나도 '달숙達淑' 이란 이름에 어울리는 맑고 향기로운 사람으로 영원히 남고 싶다.

생긴대로 살기

거울 속에서 내 모습을 본다. 벗겨진 머리가 여간 신경이 쓰이는 게 아니다. 애시당초 얼짱, 몸짱과는 거리가 멀다. 그래서 수년 전부터 쓰게 된 베레모와 사파리 점퍼, 가방을 든 내 모습이 이제는 나의 트레이드 마크가 되었다. 옷차림과 겉모양으로 상대를 평가하는 데 따른 부담감 때문에 생긴 일이다.

흔히 옷차림이 단정하고 고급스러우면 신사 숙녀로, 키가 크면 통이 큰 사람으로, 코가 크고 오뚝한 남자는 정력이 센 사람으로 지레 생각한다. 그런데 이런 판단이 어느 정도 맞는가 하면 대부분은 빗나간다.

우리 주변에 있는 물찬 돼지, 키 큰 짠돌이, 납작코 변강쇠, 말끔한 외모로 남을 등치는 사람들이 이를 증명한다. 그래서 섣부르게 판단했다가 낭패를 당하는 경우도 있게 된다. 옷차림과 외모가 사람을 판단하는 기준이 되어서는 안 된다.

우리나라 법조계의 존경받는 사표로 『무상을 넘어서』라는 수상집을 남긴 故 김홍섭(1915~65) 판사는 늘 검소한 옷차림으로, 여행 중에도 버스를 이용했다. 하루는 버스 안에서 경찰관의 검문을 받았다. "뭐하는 사람이야?." "판사입니다." "판사는 무슨 놈의 판사야? 신분증 내놓아." 그의 신분증에서 대법원 판사임을 알아본 경관은 깜짝 놀라 깍듯이 거수 경례를 하면서 용서를 청했다. 그분은 순수한 시골 아저씨같은 옷차림과 허름한 외모로 이런 일이 한두 번이 아니었다고 한다.

이미자 씨는 전 국민의 사랑을 받는 인기 가수다.

월남에서 소대장으로 근무할 당시, 그녀가 파월장병 위문차 우리 소대를 방문한 적이 있었는데, 정말이지 기대 이하였다.

못생긴 이미자 씨의 이미지가 내 머릿속에 꽉 박혔다고 해도 과언이 아니었다. 그리고 다음날 밤 야외 무대 공연에서 그녀가 노래하는 걸 봤다. 그 당시 최고의 인기곡인 '동백아가씨', '황포돛대'를 온몸으로, 열정적으로 노래하는 그가 너무나 예쁘고, 또 그렇게 멋져 보일 수가 없었다. 내 머릿속 추녀의 이미지가 백팔십 도 바뀌는 순간이었다. "이미자 씨는 정말 아름다운 여자구나." 그 후 나는 열렬한 이미자 씨 팬이 되었다.

이와 같이, 진짜로 사람을 판단할 수 있는 방법은 그 사람이 일하는 모습을 보고서이다. 겉모습만 보고 그 사람의 모든 것을 파악한 것처럼 속단함은 금물이다. 얼짱, 몸짱은 아니지만, 열심히 일하는 일짱, 따뜻한 마음씨를 가진 마음짱, 글을 잘 쓰는 글짱 등, 외모보다는 자신의 개성과 적성을 살려 아름다운 삶을 추구하는 사람들이 많이 있다. 겉모양 만으로야 어찌 알겠는가?

산과 삶은 멀리서 보아야 한다는 속담이 있듯이, 훌륭한 사람도 가까이 접해 보면 실망스런 모습을 발견하게 된다. 그러나 그러한 때일수록 그 사람의 장점을 발견하여, 내 마음이 다른 사람을 경멸하지 않도록 다짐해야 할 것이다. 인간의 생명은 귀한 것이며, 사람은 누구나 고귀한 인격을 지니고 있다. 외모도 중요하지만, 내면의 아름다움에 더 높은 가치를 두는 삶이 된다면 참 좋겠다. 얼짱 몸짱을 면해 보려고 트레이드 마크로 치장한들 결국 호박에 줄긋기를 하는 것과 무엇이 다를까? 그래 생긴대로 살자. 얼짱, 몸짱보다는 마음짱(마음씨), 능짱(능력)이 되도록 노력해 보자. 마음 한번 돌리니 들뜬 소년처럼 생기가 돈다. 발걸음이 가볍다.

꽃남보다 훈남

전국에 '꽃미남 열풍' 이 불고 있다. 영화 '왕의 남자' 가 대박을 터뜨리면서 요즘 10대들에게 가장 인기 있는 연예인이 이 영화에 출연한 이준기 같은 남자라고 한다. 우리 같은 중년이 보기에는 영락없이 '기생오라비' 다. 그러나 미의 기준도 시대에 따라 바뀌면서 차인표나 장동건 같은 건장한 남자보다는 여자 같이 예쁘장한 남자가 이상형이 된 세상이다.

우리 때만 해도 인기 있는 남성이란 '듬직하고 과묵한 형' 이 으뜸이었다. 씩씩한 모습이 이제는 과거의 이상형이 되었으니 격세지감은 이런 걸 두고 하는 말이지 싶다. 최근 인기 있는 남성은 깔끔한 외모에 세련된 옷차림, 거기에 센스와 유머까지 겸비해야 한다. 텔레비전은 이런 10대들의 취향을 반영하듯 여자보다 더 예쁘게 생긴 남자 연예인들을 대거 드라마의 주인공으로 등장시킨다.

신문에서도 '크로스 섹슈얼' 이라는 새로운 문화 코드로 예쁜 남성 이미지 기사가 쏟아진다. 예쁜 남자 배우들의 의상 또한 난데없는 인기몰이를 한다. 그들이 한번 입고 나온 망토며 장갑, 모자, 귀고리 등은 품귀현상까지 빚어가며 때아닌 특수特需를 만났다. 복장과 액세서리까지도 여성과 남성의 구분이 사라지고 있다.

10년 전 만해도 남자가 거울을 자주 보거나 옷에 신경을 쓰면 '여자 같다' 고 타박을 듣기 일쑤였다. 헬스클럽에 다니며 근육질 몸매를 만드는 것이 유행이었던 시절은 가고 이제는 남자들이 여자보다 더 세심하게 외모를 가꾸고 패션에 신경을 쓰는 시대가 되었다. 심지어 뷰티 숍이나 마사지 숍 등에 가서 피부 관리를 받는 남성들이 적지 않다니 세태의 변화가 놀랍다. 과거에는 경제력을 가진 남성들이 여성을 미적 대상으로 보아왔지만, 경제력의 남녀 격차가 줄어들면서 남성도 여성들의 미적 심판대에 오른 것이다.

요즘은 스포츠 스타들을 봐도 우락부락하지 않다. 운동 실력은 기본이고 외모와 의상, 말씨까지 신경 쓴다. 단골 미용실에서 머리를 다듬고, 코디네이터가 골라주는 옷을 입는다. 헤어스타일이 수시로 변하고, 노랑, 파랑 등 다양하게 염색된 머리카락이 팬들의 눈길을 끈다. 스포츠 선수에게조차 눈길끄는 외모를 원하는 상황이다 보니 선수들도 프로팀 성적뿐 아니라 미디어에 얼마나 등장하는지를 연봉 고과에 반영할 만큼 세상이 변했다. 씨름에서 이종격투기 K-1으로 전향한 최홍만 선수가 2m17cm의 거구임에도 머리카락을 염색하고, 링 위에서 테크노 춤을 추는 것만 봐도 그렇다.

직업 또한 성별에 따른 제한이 사라지고 있다. '금녀구역' 으로 여겨졌던 3군軍 사관학교도 10년 전 공사空士를 시작으로 물꼬가 트이더니, 4년 전 해사海士와 공사空士에 수석 입학했던 여자 생도가 올해는 졸업

식에서 나란히 전체 수석 졸업하는 기록을 세웠다. 학업 성적뿐 아니라 품행, 군사학, 사격, 체력 등 각 분야에서 고루 뛰어난 평가를 받아야하는 사관학교의 교풍 때문에 여생도가 일등을 한다는 것이 얼마나 힘든 것인지를 잘 아는 필자의 상식으로는 하늘과 바다 위의 거센 여풍女風이 놀랍기만 하다. 축구, 권투, 유도, 역도, 레슬링은 물론 심지어 이종격투기 선수로 출전하는 여성이 있는가 하면, 트럭이나 중기차 운전을 하는 등 남녀의 성 역할에 대한 고정관념이 무너지고 있다. '남자는 능력, 여자는 외모' 라는 가부장적 가치가 '양성 평등' 에 따라 깨어지고 있는 것이다.

강한 남성보다 부드러운 남성이 패러다임이 된 세상이다. 거울 속에 비친 초로初老의 내 모습은 꽃미남 이미지와는 거리가 먼 것 같다. 잔뜩 올려 입은 배바지, 희끗희끗하고 듬성듬성한 흰머리의 얼굴에서 촌스러운 권위가 묻어나는 것 같아 쓴웃음이 난다. 옆에서 딱하다는 표정으로 깔쭉깔쭉 한마디를 던지던 생전의 아내 말이 생각난다.

"당신은 우리 가족 모두에게 완전 소중한 남자(완소남)인데 무엇이 아쉽소. 나이가 들면 어딘가 세월의 흔적을 가지는 것은 자연스런 일인데 대머리면 어때요. 우리 나이라면 겉모습보다 얼굴이 얼마나 평온해져 가는지에 더 관심을 가져야 할 때가 아닌가요?"

아내의 말이 맞는 것 같다. 꽃미남이 아니면 어떠한가. 선한 눈빛으로 살자. 꽃미남 보다는 보고 있으면 훈훈해지는 남자(훈남)가 좋지 않겠는가. 제 생긴 그대로 국으로 사는 것도 멋이다. 마음 한번 돌려 먹으니 올곧게 걸어온 흔적이 남아있는 나도 이 시대의 진정한 꽃미남이 된 것 같다.

진품명품

매주 일요일 "TV쇼 진품명품" 코너를 즐겨 시청한다.

이 프로에서 가정에서 소장하고 있는 서예와 그림, 백동장식, 반닫이, 청자와 백자, 노리개, 화살통 등 많은 골동품과 작품이 등장, 옛 시대의 작가와 장인匠人들의 작품을 볼 수 있고 시청자들도 나름대로의 감정 가격을 매겨보고 전문가의 평가와 비교를 해가며 해설을 듣는 재미가 쏠쏠하다.

도자기 한 점, 붓글씨 한 장이 순식간에 거금으로 변하는 요술상자 같은 그 묘미야말로 이 프로그램의 장수비결인 것이다.

여기서 전문가들이 평가하는 작품의 평가기준은 물론 제작 연대가 오래되고, 작품의 희소가치와 보존상태, 작품의 수준 등이다. 그러나 같은 작품이라도 작가의 이름에 따라서 명품 대우와 격은 한층 달리 평가된다. 즉, 평범한 그림 한 점이나 장신구도 작가나 소장자의 이름 때문에 명품이 되기도 한다.

첫 번째 사례다. 불란서 파리를 여행하던 한 미국인이 파리 시내의 어떤 장신구점裝身具店에서 평범한 중고 호박琥珀-Amber목걸이 하나를 샀다. 그런데 미국으로 귀국하는데 공항 세관에서 그 목걸이에다 구입가격에 비해 턱없이 많은 세금을 부과했다.

이상하게 생각한 그 사람은 목걸이를 들고 보석상에서 감정을 의뢰했다. 보석상 주인은 그 목걸이를 자기가 2만 5천 달러에 사겠다고 제의했다. 깜짝 놀랄 일이었다. 그는 목걸이를 그냥 가지고 나와서 이번에는 더 권위있는 감정사에게 찾아갔다. 현미경으로 자세히 살펴본 그 감정사는 "이 목걸이를 파신다면 제가 3만 5천 달러에 사겠습니다."라고 말하는 것이었다. 궁금증을 도저히 풀 수 없었던 목걸이 주인은 도대체 그 목걸이가 왜 그렇게 값이 나가는 것인가를 물어 보았다. 그러자 감정사는 그를 현미경 앞으로 인도했다.

"자, 보십시오. 무엇이 보입니까?" 현미경으로 들여다보는 그 사람의 눈에는 다음과 같은 글이 씌어져 있었다.

"From Napoleon Bonapart to Josephine(죠세핀에게 나폴레옹으로부터)"

즉, 불란서의 황제 나폴레옹이 그의 애인 죠세핀에게 선물로 준 목걸이었다. 나폴레옹 그 이름 때문에 중고품이었지만 그처럼 값이 많이 나갔던 것이다.

두 번째 사례는 성철 스님과 난초 그림 이야기다. 성철 스님이 해인사 백련암에 계실 때 처사 한 사람이 난초가 그려진 그림 한 점을 선물하고 갔다. 상좌스님은 큰스님이 기거하던 방에 걸어 두었는데, 어느 누구도 그저 그런 그림이겠거니 여기며 별로 관심을 두지 않았다.

하루는 서화에 조예가 깊은 사람이 스님을 방문했는데 스님 방에 걸린 난초 그림을 유심히 바라보더니, "아무리 봐도 이것은 구한말 흥선 대원군이 그린 난초 그림이 분명한데…." 그 말을 듣는 순간 절 집안 사람들은 대원군이라는 이름 때문에 그 그림을 다시 보게 되었다. 만약 그것이 사실이라면 돈으로 따질 수 없을 만큼 값진 물건이 분명하다는 생각을 하면서….

그런데 이튿날 큰스님 방에 걸려있던 그림이 보이지 않았다. 궁금증을 참다 못한 상좌(원정)스님이 성철 스님께 여쭈어 보았다. "스님, 그 귀한 그림이 없어졌는데 어떻게 된 일입니까?" "그 그림이 정말로 그렇게 귀한 것이라면 내 방에 있을 필요가 없지. 괜히 그림 때문에 도둑이나 불러들여 여러 사람 시끄럽게 할 뿐이다."

큰스님께서는 그렇게만 말씀하셨다고 한다. 훗날 들은 바에 의하면 성철 스님께서는 사업이 기울어진 주인에게 다시 돌려주어 요긴하게 쓰도록 하였다고 전한다.

남이 탐내는 물건은 괜한 재앙을 부를 뿐이고 아무리 귀중한 물건도 사람만큼 귀하지 않다는 성철 큰스님의 가르침은 오래도록 우리 마음에 남아있다.

새삼 세상을 살아가면서 내 이름이 후세에 길이길이 남지는 못하더라도 내 이름이 부끄럽지 않도록 살고 있는지 다시 한 번 되새기며 "TV쇼 진품명품"을 감상한다면 더욱 값진 교훈이 되지 않을까 생각한다.

빈 마음으로 살기

내 것을 주장하는 소리가 너무 많다. 아이들도 어른들도 모두 소리 높여 '내 것'을 외친다. 어떤 조사에 의하면 지명도가 있는 땅 한 평에 대한 주인이 천년 동안에 평균 8백명 정도 바뀐다고 한다. 그러니 우주의 질서와 안목에서 볼 때 내 것을 주장하고 고집한다는 것 자체가 우스운 일이 아닐 수 없다.

어렸을 때 하던 놀이 중에 땅따먹기 놀이가 있었다. 땅 위에 커다란 원이나 네모난 줄을 긋고 손가락으로 사금파리나 작은 돌을 튕겨서 서로의 땅을 넓혀가는 놀이다. 이 놀이를 할 때 우리는 서로 한 뼘이라도 더 땅을 넓히려고 손가락이 아프도록 벌려가며 온 힘을 다해 땅따먹기 놀이를 했다. 옷은 온통 흙 먼지투성이로, 때로는 규칙을 어겼다며 큰소리로 다투기도 하고, 동무끼리 몸싸움이 벌어지기도 한다. 해가 넘어가고 어둠이 땅 위에 내려앉기 시작하면 논밭에 나가 일하던 엄마들이 돌아와 아이들을 챙긴다. "○○야, 손 씻고 밥 먹자." 조금 전까지만 해도 서로 더 많이 차지하겠다고 아귀다툼을 벌이던 아이들의 땅따먹기는 여기서 끝난다. 서로 인사하고 헤어진다. "내일 놀자." "응, 내일 놀자."

이것은 우리가 살아가는 모습과도 흡사하다. 인간은 어머니 배 속에서 태어날 때부터 이 세상 모든 것이라도 거머쥘 것처럼 두 주먹을 불끈 쥐고 나온다. 그리하여 이 세상을 살아가면서 조금 더 많은 것을 소유하려고 갖은 노력을 기울인다. 내가 사는 집의 평수를 더 늘리기 위해서, 내 가족끼리 잘 살기 위해서, 최고급으로 살기 위해 피나는 투쟁을 하면서 부富를 축적하려고 노력한다. 그러나 이 세상을 떠날 때 쌓아놓은 것은 다 내 것이 아니다. 그대로 놓고 간다. 엄마가 부르면 땅위에 그어진 자기 영역의 경계선을 발로 직직 문대버리고 각자 집으로 가는 것처럼 아무도 자기 소유를 주장하지 못한다. 결국 인간은 흙에서 나와 흙으로 돌아가면서 아무것도 가진 것이 없다는 것을 증명이라도 하려는 듯 두 손을 펴고 떠나간다. 사바나의 속담처럼 '수의에는 주머니가 없다.'

모든 인간들의 희노애락들은 사실 지나고 보면 인간생활의 연극이나 꿈의 한 토막이었음을 알게 된다. 탐욕을 부려 세인世人들의 웃음거리가 되는 연극은 하지 말아야 한다. 또 탐욕을 부려 괴로움을 당하는 악몽은 꾸지 말아야 한다. 어차피 사람은 이 세상에 태어날 때 아무것도 가지고 온 것이 없기 때문에 가지고 갈 것도 없다. 무엇을 위해 아등바등 사는가.

빈 마음으로 사는 것도 큰 행복이다. 빈 마음이란 욕심 부리지 않는 마음이다. 어떤 것도 마음에 얹어두고 고뇌하지 않고 모두 여과시키는 마음이다. 마음속에 들끓는 욕심이 없어서 괴롭지 않고 모두 소화시켜 마음에 응어리가 지거나 앙금이 남아 있지 않으니 마음이 텅 비어 고요할 수밖에 없다. 비워야 행복하고 속을 편히 가져야 행복한 것은 우리가 타고난 생리인 것이다. 많이 갖지 않아도 만족할 줄 알면 그곳에 자족自足의 행복이 있다.

공자는 40세에 무동심無動心의 경지에 이르렀고, 50세에 천명天命을 알고, 60세에 이순耳順하였고, 70세에는 마음대로 행동하여도 진리에 어긋남이 없다고 하여 성년으로서 성장하고 완성되어 가는 인간으로서의 모델을 제시하였다. 거기에는 내 것이다 고집하는 소유 욕망과 공허가 없고 물처럼 자연스러운 성인의 자유로움이 느껴진다.

욕심 없는 눈으로만 보면 행복은 도처에 널려 있고 빈 마음으로 만나면 세상만사가 모두 반갑고 감사하게 생각될 것이다. 잡다한 소유욕으로부터 해방되어 빈 마음으로 자유롭고 소박하게 사는 것도 행복임을 다시 한번 생각하게 한다.

추억 자리에 서서

내가 태어나고 자란 고향 도천면 송진리松津里는 창녕군의 최남단 남지읍에 인접한 낙동강변의 나루터 마을이다. 고등학교를 마산으로 진학하면서 고향을 떠났지만, 말만 들어도 애틋하고 그리워지는 곳이 고향이다. 나이가 들수록 더 그렇다. 고향에 가면 그동안 잊히고 희미해진 기억의 불씨들이 다시 가슴속에 불을 지핀다.

고향 마을은 너무 변했다. 어린 시절, 나루는 마을 입구 벼랑 근처에 있었고 그 아래 강물이 흘렀다. 지금은 계성천만이 흘러 낙동강이 유입되는 좁은 수로로 바뀌었고, 낙동강의 본류는 훨씬 남쪽으로 옮겨져 나루는 4대강 사업으로 흔적도 없이 사라졌다. 내가 다니던 초등학교는 폐교되어 찜질방으로 바뀌었고, 운동장에는 잡초만이 그득하다. 인근 칠서공단 입주 근로자를 대상으로 지은 임대아파트가 뒷동산을 뭉개내고 한가운데 자리 잡으면서 고향의 풍경은 더욱 볼썽사납게 변했다.

어느 시인은 "고향에, 고향에 돌아와도 그리던 고향은 아니라고…."

노래했다. 그러나 변모되고 변했다 한들 그곳이 어찌 고향이 아닐 수 있으랴.

젊은이들은 대부분 도시로 나가고 노인들만 남아 있는 고향이다. 막걸리보다 소주, 맥주를 마시고 수입된 과일즙을 마신다. 지게가 사라지고 경운기 트랙터의 굉음이 요란하지만 허리가 휘어지게 볏짐을 지고 가던 조상님들의 순한 모습이 떠오른다. 광주리에 이어 나르던 새참은 오토바이에 실려 오는 자장면과 다방아가씨의 커피로 바뀌었다 해도 긴 수로水路를 따라 순박한 사람의 숨길은 여전히 뻗어 있다. 들판에서 불어오는 풋내에서 아버지의 체온이 느껴진다.

아버지는 전형적인 농군이셨다. 종일 말없이 일하는 분이었다. 그렇다고 악착같이 하는 것도 아니고, 요즘 시쳇時體말로 흐물흐물해보였다. 어찌 보면 게으름뱅이 같은 몸짓으로 종일 논밭에서 일만 하셨다. 이런 아버지의 모습을 보고 있노라면 어쩐지 보는 사람까지 마음이 평온해지곤 했다. 그런데도 추수기에는 소출이 많고, 정부의 벼 수매 판정에서 해마다 최상급 등급을 받았던 것을 보면 으뜸가는 농부였음에는 의심의 여지가 없다.

아버지와 어머니는 대놓고 말씀은 하시지 않았지만 자식들에게 권력이나 돈 혹은 명예를 추구하기보다는 성실한 참인간이 되라는 큰 교훈을 주셨다. 그런 부모님을 뵈려 성묘길에 오른다. 내 부모가 살아온 길, 삶의 신열身熱을 어디서 한번인들 가슴 깊이 되뇌어 볼 수가 있었던가. 혼잡한 도로 사정으로 교통이 불편해도 성묘 가는 길은 늘 마음이 설렌다.

오랜만에 조상과 대화를 나누고, 어린 시절 동무들과 어울려 놓던 일이며 부모님과 형제자매가 함께 동고동락하던 추억 자리에 서서 나를 되돌아본다.

성묘를 하고, 고향을 둘러보고 오는 길에 푸른 하늘을 쳐다보면 문득 감사한 마음이 솟구친다. 잃어버린 나에 대한 향수를 일깨우는 고향이 존재한다는 것이 얼마나 행복한 삶인가.

그곳에는 내 삶의 근원根源이 숨 쉬고 있다.

성묘省墓

사는 일이 힘들어서 찾아온 부모님 산소
무슨 날도 아닌 날에 뜬금없이 나타나서
고하는 말이라고는 조상님이나 탓하네

내 하는 일이라야 고작 맘 상하는 짓
울고 싶다는 핑계로 술잔이나 기울이면
눈치 챈 저녁노을이 질펀하게 울고 가네

영화 '타이타닉'을 보고

영화 '타이타닉'을 다시 보았다. 1912년 4월 타이타닉 호를 완성한 영국은 그야말로 성취감에 도취되어 있었다. 이 배는 당시 지구 위에서 인간이 움직일 수 있는 가장 큰 선체였다. 단순히 호화 대형 여객선의 의미를 떠나, 그때까지 인류가 이룩한 과학과 기술의 승리요 개가였던 것이다. 그 이름도 그리스 신화에 나오는 거인 타이탄의 이름을 따서 '타이타닉 호'라고 붙였다.

영국 사우샘프턴 항에서 많은 사람들의 관심과 부러움 속에 처녀 항해를 나선 타이타닉 호는 1,500여 명의 승객과 700여 명의 승무원을 태우고 뉴욕으로 향하였으나, 출항 4일 만에 북대서양의 차가운 바다 속으로 침몰한다. 타이타닉호의 전설은 유물을 찾아 나선 브럭 라벳이라는 보물 사냥꾼이 '바다의 심장'이라는 그림을 건지면서 알려지게 되었다. 그림 속에는 다이아몬드 목걸이를 건 누드의 한 여자가 있다. 이 그림이 세상에 알려지면서 브럭 라벳에게 자신이 모델이라고 주장하는 한 할머니의 전화가 걸려 오고, 그 할머니는 그림에 얽힌

사연을 들려 준다. 이렇게 영화 '타이타닉'은 90여 년 전에 실제로 일어난 역사적 사건을 토대로, 배가 침몰하기 전까지 나흘 간의 이야기와 그 속에 숨겨진 아름다운 사랑 이야기를 담고 있다.

타이타닉 호의 이등선실에는 상류층인 영국계 미국인, 영국의 부호, 유명 인사들이 승선하고 있었다. 그 중에는 원하지 않는 약혼식을 한 로즈 드뒷(케이트 윈슬렛)과 예비 신랑 칼 헉슬리가 있었다. 권력으로 치장한 상류층을 경멸하던 여주인공 로즈의 은근한 저항으로부터 시작된 스토리는 도박으로 구한 3등석 승선권으로 그 배에 탄 남자 주인공 잭 도슨(레오나르도 티카프리오)과의 사랑에서 이야기가 시작된다.

배를 타고 가던 중 자살 시도를 하던 로즈는 자유로운 정신의 소유자이며 화가인 잭과 사랑에 빠지고, 두 남녀는 가식적인 상류사회로부터 도피하여 소박한 행복에 젖는다. 로즈의 사랑은 모든 이에게 거부당하지만, 로즈는 자신이 선택한 사랑을 포기하지 않는다.

두 사람의 도피 행각과 사랑의 유희가 계속되는 동안 세계 최고속의 여객선이었던 46,328톤의 거대한 타이타닉 호가 빙산에 부딪힌다. 절대 침몰하지 않으리라던 타이타닉 호에서 터져 나오는 마지막 고통의 울부짖음과 수없이 많은 사람들이 차가운 바다 속으로 나락처럼 떨어지는 비극적 장면은, 영화를 보는 이마저 그 처참함을 느끼게 한다. 배가 난파되자, 노약자와 여자들이 먼저 구명보트에 오른다. 남자 주인공 잭은 사랑하는 여자를 살리기 위해 스스로 죽음을 선택했고, 여주인공 로즈는 사랑하는 잭의 희생으로 살아 남는 순애보를 연출하고 있다. 수많은 목숨들과 맞바꾸었다고 해도 좋을, 당시 잃었다는 52캐럿 다이아몬드를 찾으려고 안달하는 인간들의 여러 모습들. 그로부터 수십 년 후, 할머니가 된 로즈가 사고 현장의 바다를 돌아보면서 문제의 다이아먼드를 몰래 바다에 던져 버리는 장면은 인간의 부와 탐욕이 결국은 허무한 것이라는 것을 시사한다.

배의 항로에 빙산이 있으니 조심하라는 무전이 계속해서 타이타닉 호에 들어 왔지만, 이 거대한 기선 앞에 빙산이 무슨 장애가 될 수 있을까 하는 마음으로 무선 기사는 그 경고를 무시했던 것이다. 여섯 번째로 똑같은 경고가 들어왔을 때에 무전기사는 다음과 같은 회신을 보냈다. "그만 입 닥치시오! 나는 지금 바쁘단 말이오!"

이런 일이 있은 지 꼭 35분이 지났을 때 그 당당함을 자랑하던 타이타닉 호가 거대한 빙산과 충돌한다. 무선 기사는 구조를 요청하는 SOS를 날린다. 마침 그곳에서 12마일 떨어진 거리에서 캘리포니아 호가 항해하고 있었지만, 공교롭게도 무선기사가 피곤하여 자기 방에서 쉬느라고 타이타닉 호에서 계속 보내오는 SOS를 받지 못했다. 사고 당시 캘리포니아 호의 무선 기사가 자기 자리를 지켰더라면 SOS 신호를 받아 많은 생명을 살렸을 것이다. 무선기사의 작은 방심과 근무 태만이 수많은 사람이 희생되는 엄청난 결과를 가져 왔다.

타이타닉호의 승선자 중 생존자인 칸디 씨는 보트에서 지켜본 타이타닉의 최후를 이렇게 적고 있다. "너무도 느리고 조용한 낙화洛花였다. 큰 배 위에서 인생들이 서서히 사라져 갔다."

영화 '타이타닉'은 인간의 오만과 탐욕을 경계한다. 절대 침몰하지 않을 것이라는 확신으로 정원의 잘반만을 태울 수 있을 정도의 구명보트만 실었던 그것이 바로 인간의 오만이다. 선장이 "하느님도 이 타이타닉 호는 침몰시킬 수 없을 것이다."라고 장담할 만큼, 크고 안전하고 호화로운 기선이었지만 자연 앞에서는 한없이 나약하고 작은 존재일 뿐이었다.

영화 타이타닉은 단순히 두 남녀의 슬프고도 아름다운 사랑이야기가 아니다. 타이타닉이 이들 연인들의 아름다운 사랑이야기였다면 이토록 오랫동안 사람들의 가슴속에 남아 있지 않았을 것이다. 영화 타이타닉을 보면서 처음에는 배우를 보았고, 두 번째는 줄거리를 보게 되었고, 세 번째는 삶의 가치에 대해 다시 생각하는 기회를 가지게 된다는 것이 헛된 말이 아니다. 구조 당시 이름이 무엇이냐고 묻는 말에, "도슨, 로즈 도슨이요."라고 대답하는 그녀의 한 마디 대사야말로 진정한 행복과 삶의 가치가 무엇인가를 다시 한번 생각하게 한다.

차르의 권좌 복귀와 나의 꿈 비엔나

차르는 옛 러시아 황제의 칭호다. 발칸의 작은 나라 불가리아의 입헌군주국 시절 국왕의 공식명칭은 차르Tsar이다.

어린 나이에 아버지의 뒤를 이어 볼가리아의 차르가 된 시메온 2세는 1946년 국민투표를 통한 왕정폐지의 비운을 맞았다. 터키로 일시 망명했다가 스페인에 정착, 기업가로 활동하다 국민들의 환영을 받으며 망명생활을 마치고 귀국, 정치지도자로 변신하여 불가리아 신당 민족운동MNS II을 이끌고, 2001년 총선에서 승리해 55년 만에 권좌 복귀를 이뤄 세계의 화제가 된 적이 있었다.

이 소설 같은 뉴스를 접하면서 보병 소대장으로 파월당시 야외스크린을 통해 보고 또 보고(필름 사정으로) 몇 번이나 감명 깊게 보았던 한 영화를 생각했다. 영화제목은 '나의 꿈 비엔나'로 기억되는데 대략 스토리Stofry는 다음과 같다.

비엔나 수베하트 공항에 조그마한 여객기 한 대가 도착하자 의장대 밴드가 우렁차게 환영 연주를 하는 가운데, 어느 나라의 50대쯤 된 아주 잘 생기고 기품이 있어 보이는 임금님王과 아직 스무살이 채 되었을까 한 아름답고 귀티가 흐르는 공주가 비행기 트랩을 내려오고 있었다. 이들은 마침내 그들의 꿈 비엔나에 도착하였다.

공식적인 환영행사와 의전절차를 끝낸, 이들 부녀는 그들의 소박하고 서민적인 성품대로 거추장스러운 예복을 훌훌 벗어 버리고 사복으로 갈아입고 시내관광을 하고 있었다.

어디선지 천사 같은 목소리의 여성 4중창 '들장미' 가 흘러나와 그 노랫소리를 따라 자신들도 모르게 끌려간 곳은 어느 허름한 빨래터, 그곳에서 평범한 옷차림에 4명의 중년 여인들이 빨래를 하면서 4중창으로 노래하는 장면을 보고 큰 감동을 받는다. 이어 트럭에 짐을 실으면서 막노동자들이 아름답고 우렁찬 음성으로 '보리수' 를 4중창으로 부르는 모습, 똑딱거리는 소음을 따라 시선을 돌렸을 때, 아주 허름한 옷을 입고 망치와 끌로 지금 당장이라도 날아올 것 같은 천사를 조상彫像하는 여성 조각가의 손길들. 이 두 부녀는 놀라움과 감탄, 감격 때문에 계속되는 행복과 무아경의 비엔나에서의 생활 속에서 왕으로서 공주로서의 신분을 잊고 그저 예술을 사랑하는 행복한 시민의 삶을 즐기고 있었다.

이렇게 지내고 있는 동안에 왕은 거리에서 조각을 하는 허름한 옷차림의 여인과, 공주는 어느 가난한 젊은 피아노 강사와 서로 친하게 되어 즐거움 속에 지내고 있었다.

어느 날 저녁 이 두 부녀는 비엔나 시의 어느 극장의 로얄 박스에서 오페라를 즐기고 있던 중 이 극장의 여자 급사로부터 급한 전갈을 받고 밖으로 나온다. 거기에는 대단히 거만한 표정으로 연미복을 입은 사나이가 기다리고 있었다. 그는 이 왕이 파견한 주 비엔나 대사였다.

그는 처음에는 이 왕의 인품에 압도되어 무의식중에 허리를 굽혀 절을 하다 다시 벌떡 고개를 쳐들면서 "아! 참, 이제는 왕이 아니지!"하면서 허리를 펴고 고개를 치켜들더니, 자기의 상의 왼쪽 윗주머니에서 13번이 적혀있는 조그만 카드를 꺼내 보이면서 왕에게 말한다.

"우리의 조국에서는 위대한 혁명이 일어났습니다. 우리나라는 이제 군주국이 아니고 공화국이 되었습니다. 따라서 귀하는 이제 우리나라의 왕이 아니고 평범한 시민에 불과합니다. 그리고 나는 이번 혁명위원회의 13번입니다."하고 그냥 사라져 버리는 것이다.

왕과 공주는 하루아침에 평범한 시민으로 천애고아 같은 알거지 신세가 되었다. 이 두 부녀는 조국으로 돌아갈 수도 없어 예술의 도시 비엔나에 정착키로 하고 취직자리를 구하다 결국 주 비엔나 대사를 찾아가게 된다.

대사의 집무실에서 이제 평민이 된 왕은 몸을 조아리며 대사에게 사정하듯이 말을 건넸다.

"존경하는 대사님, 저는 이제 왕이 아닙니다. 그리고 아무것도 아닌 존재입니다. 저희 두 부녀는 조국으로 돌아 갈 수도 없고 하여 비엔나에 머물며 살까 합니다. 그런데 존경하는 대사님이 아시다시피 저는 배운 것도 없고 가진 것도 없습니다. 그러니 앞으로 살아나갈 길이 막막합니다. 제가 할 수 있는 것이라고는 단하나, 과거에 제가 드라이브를 즐기다 배운 운전기술 하나 밖에 없습니다. 저를 대사님의 운전기사로 써 주신사면 혼신의 힘을 다해 모시겠습니다."

이 의외의 부탁에 대사는 난처한 표정만 지을 뿐 좀처럼 말을 들으려 하지 않는다. 그리고 물러난 왕은 계속 초조해졌다. 대사의 집무실

창문을 통해서 이 장면을 바라보면서 한없이 눈물을 흘리고 있는 여인이 있었다. 대사의 부인이었다.

기사복에 기사모를 쓰고 멋있는 중년 운전자가 나타났다. 마냥 유쾌하고 즐겁기만 한 이 잘생긴 운전자는 대사의 자가용 운전석에 자리를 하고 있다. 뒷자리에 앉은 대사는 자기가 갈 목적지를 운전자에게 알린다. 그 운전자의 위엄과 자신의 타성 때문에 자신도 모르는 사이 앞에 있는 운전자에게 허리를 굽신 하다, 자신은 대사이고 앞에 앉아 있는 신사는 자기의 운전자일 뿐이라는 사실을 깨닫고 다시 옷매무새를 정리한 다음에 거드름을 피우며 갈 곳을 지시한다. 목적지에 도착하자 운전자는 재빨리 내려 대사에게 차문을 열어주고 공손히 절을 한다. 아첨이나 아양을 떠는 기색이나, 아니꼽다는 표정이라고는 전혀 찾아볼 수 없다. 그냥 정성과 진실, 충실 그 자체였다.

운전자로서의 도리와 최선을 다하는 모습, 정성과 성의를 다해 주인을 모시는 자세, 그것은 훌륭하다기보다는 아름답고 멋있고, 나아가 존경하는 마음이 저절로 생겨나는 장면이었다.

대사의 예정된 하루의 일과가 끝나고 나면 내일의 안전을 위해 기름범벅으로 차 밑에 누워서 정성껏 정비를 끝낸 다음, 가벼운 마음으로 귀가하여 목욕하고, 사랑하는 딸과 함께 식사하고 난 다음, 보통 사람들의 옷으로 갈아입고 휘파람을 불며 두 부녀는 비엔나 도시 가운데로 발걸음을 옮긴다. 꿈같이 행복한 생활이었다.

그러던 어느 날, 이날도 하루의 임무를 끝마치고 대사관 차고에서 차 밑에 누워 마지막 정비를 하고 있던 중 밖에서 왁자지껄하는 소리가 들렸다.

대사의 집무실 앞 잔디에서 카스트로같이 수염이 난 건장한 사나이가 그 앞에 숨도 제대로 쉬지 못하고 부동자세로 서 있는 대사에게 No.3의 카드를 보이면서 꾸짖는 소리이다.

"No.13, 귀하는 前 국왕을 어떻게 모셨길래, 국내외의 매스컴이 앞을 다투어 前 국왕에 대한 동정기사를 쓰는 바람에, 이분이 우리나라 국민들의 절대적인 동정과 지지를 얻어, 선거결과 절대 다수의 득표로 대통령에 당선 되었소. 나는 지금 그분을 조국으로 모셔가려고 왔소." 자못 질책의 소리였다.

기름때를 묻히고 누워서 정신없이 일을 하고 있는 새로운 대통령 앞에 No.3 과 No.13, 이 두 사나이는 부동자세를 하고 서서 '각하!' '각하!' 외치는 것이 아닌가.

드디어 새로운 대통령 부녀는 슈베하트 공항 여객기의 트랩에 오르기 전에 "조국이 나를 부른다면 돌아가야지요. 대사님! 저희 부녀가 비엔나에 머물러 있는 동안에 베풀어 주신 은혜는 평생 잊지 않겠습니다. 원하신다면 제가 대통령직에 있는 동안만은 귀하를 계속 비엔나 대사로 모시겠습니다."

대통령과 그의 영애와 No.3을 태운 여객기는 떠나고 대사와 그의 부인은 한없는 눈물을 흘리고 있었다.

이 작품에서 나는 책임과 성실, 감사할 줄 아는 참 인간을 보았다. 돈을 모으고 권력을 바라고 명예를 탐하고 물질적으로 편안하게 사는 것이 반드시 잘 사는 것은 아닐 것이다. 감사할 줄 아는 사람은 자신도 행복해지고 남도 행복하게 해 준다. 이런 마음으로 살아가는 사람에게는 축복이 틀림없이 주어지는 것이다.

경제학자 에이소의 주장에 의하면 사람들이 불행해지는 원인은 황금Gold, 권세Greatness, 영화Glory를 누리려는 욕망에 있다고 지적했다.

인간은 정신세계 및 마음의 풍요를 가지지 않고는 결코 행복을 느낄 수 없다. 주어진 여건과 환경에 대한 원망과 불평보다는 자기가 하는 일이 가치 있고 보람 있는 일임을 자각하고 기쁘고 즐거운 마음으로 살아가는 영화 속의 주인공처럼, 모든 것을 기쁜 마음으로 받아들이고 감사할 줄 하는 사람이 되고 싶다.

미얀마 사람들

우리에게 '버마' 또는 '아웅산 테러사건', '아웅산 수지' 등으로 잘 알려진 아시아에서 가장 가난한 나라 '미얀마'를 가게 된 것은 우연이다. [실상문학] 주간으로 편집 일을 하면서 능지 스님에게 사진 한 장을 받아, 표지에 올린 사진이 미얀마 양곤에 있는 '쉐다곤 파고다'이다. 그때 미지의 땅 미얀마를 꼭 가보겠다고 생각을 했었다. 아직 때 묻지 않은 순박한 사람들이 사는 불교의 나라 미얀마 여행은 새로운 세계에 대한 호기심에서 비롯된 것이지만 이것도 어찌 보면 인연이다.

미얀마 사람들은 남녀노소 모두 '옌지'라는 상의와 '론지'라는 통치마에 슬리퍼를 신고 있다. 론지는 긴 원단의 양면을 봉제하여 자기 허리 크기의 세 배 정도로 만든 후 사람이 그 속에 들어가서 여민 옷이다. 여성은 여밈선이 좌측이나 우측 옆구리에 위치하고, 남성은 여밈선이 중앙에 위치한다. 미얀마 인들은 자부심이 강해서 지금까지도 전통 방식의 복장을 고수하고 있다. 원래는 맨발이었으나 일본의 침략기를 거치는 동안 슬리퍼가 대중적인 신발로 정착되었다고 한다.

여자들과 아이들은 얼굴에 '타나카' 라는 천연 화장품을 바르고 있다. 어떤 사람은 얼굴뿐만 아니라 목이며 귀, 팔 전체가 노랗다. 미용효과는 물론 선탠과 보습효과까지 있다는 타나카는 미얀마 최대의 화장품이다. 타나카 라는 나무 껍질을 우리가 쓰는 먹처럼 작은 맷돌에 갈아서 향기가 좋은 향나무를 넣어 손으로 찍어 바른다. 우리가 보기에는 생소했지만, 미얀마에서는 타나카가 가장 좋은 화장법으로 알려져 있는 것 같다.

등교하는 초등학생들의 복장은 모두가 초록색 론지 이다. 미얀마의 초등학교 교육은 의무교육으로, 국가에서 학교와 선생님을 제공하고 학용품과 교과서만 각자 가정에서 준비하면 된다. 교복은 무조건 초록색 론지 이고, 중학교 이상은 감색, 곤색, 초록색, 검정색 론지를 자유롭게 착용 할 수 있으나 흰색은 피한다. 흰색 론지는 미얀마의 죄수들이 입는 유니폼이기 때문이다. 시골지역에서는 보통 4학년쯤이면 농사일을 돕기 위해 학교를 그만두는 사례가 많지만 양곤을 비롯한 도시 지역에서의 교육열은 대단하다고 한다.

이곳의 직장인들은 출·퇴근시 거의 다 둥근 알루미늄 도시락을 지참하고 있다. 가지고 있는 도시락의 칸 수에 따라 빈부의 차이를 알 수 있다. 근로자들은 보통 두 칸 짜리를 들고, 학생들은 밥 담는 칸 하나에 반찬 통 한 칸이면 되는데 놀림을 당하지 않으려고 과시용으로 보통 네 칸 짜리를 많이 들고 다닌다.

시내를 활보하는 자동차는 거의가 중고차이다. 미국의 경제봉쇄 조치로 신형자동차 수입을 금지시키고 있다. 중고 자동차를 암암리에 수입하고 있는데, 이런 노른자위사업은 정치하는 사람들의 친인척들이 장악하고 있다고 한다. 미얀마에서는 자동차를 가지고 있다는 것이 바로 부의 상징이고, 그런 이유에서인지 일반인들에게 가장 인기 직종도 운전기사라고 한다. 버스도 일반 버스, 트럭 버스, 픽업 버스 등 종류가 다양하다. 버스의 뒤쪽에서는 차장이 요금을 계산해서 받는데, 우리의 60년대 버스 차장제도와 비슷하다. 다른 점이라면 차장이 남자라는 점이다.

노인에게 자리를 양보하는 것은 우리와 비슷하나 특이한 점은 스님에게도 좌석을 양보한다는 것이다. 미얀마 사람들은 부모는 스승과 더불어 삼보(부처, 다마-부처님의 가르침, 상하-스님) 다음으로 존경받아야 할 존재로 여긴다. 부모를 봉양하는 것이 최대의 선행이며, 효자는 결코 가난해지지 않는다고 믿는다. 효도하는 사람은 이생에서 설사 가난하게 살더라도 내생에서는 반드시 부자로 산다고 믿는 것이다. 이런 점에서 미얀마는 참으로 인간적이다.

미얀마에서 부의 상징은 자동차 외에도 또 있다. 집에 자가 발전기를 갖고 있느냐 이다. 전기 사정이 워낙 좋지 못해 자주 정전이 되므로 집에 발전기는 필수품이다 심지어 호텔에서도 자주 정전이 되었다. 보통 하루에 10여 차례나 되는 것 같은데 정전이 되면 자가 발전기를 가동하여 5초 이내 전기 불이 들어오므로 샤워 중에 정전이 되더라도 기다리면 된다. 성질 급한 한국인 투숙객이 그동안을 참지 못해 뛰쳐나오다가 화장실 대리석 바닥에 넘어져 낭패를 당한 적이 있다고 한다. 실제 그럴 가능성이 충분하였다.

양곤 시내에는 횡단보도가 많지 않아서 무단횡단이 생활화 되어 있다. 오토바이도 볼 수가 없다. 국방장관이 오토바이 사고로 사망하게 되자 시내에서 오토바이 운행을 중지한다는 군부의 지시에 따라 하루 아침에 오토바이가 사라졌다. 바로 이런 행정이 먹혀드는 나라가 미얀마이다. 그러나 양곤을 제외한 시외에서는 오토바이가 중요한 교통 수단으로 운행되고 있었다.

거리의 보도블록에서 우리나라는 담배꽁초를 보게 되지만, 이곳에서는 시뻘건 얼룩이 있는 것을 쉽게 보게 된다. '꿍' 이라 부르는 일종의 씹는담배의 흔적이다. 택시나 버스, 자전거택시, 사이카 기사들이 주고객이고, 꿍을 파는 가게도 보인다. 꿍을 씹다가 보면 시뻘건 즙이 나오는데 즙을 삼키지 않고, 땅바닥에 침 뱉듯이 한다. 다행히도 꿍을 씹으면 치아가 빨리 부식되고 중독성이 있다는 것을 알게 되어 꿍을 씹는 사람이 줄고 있는 추세라고 한다.

미얀마 사람들의 주식은 쌀이다. 보통 하루 두끼로 소식을 하고 그래서인지 거의가 날씬하다. 미얀마에서 제일 비싼 고기는 닭고기, 돼지고기, 소고기 순이다. 이 나라의 소는 거의가 물소 종류로 고기가 질기고 맛이 없기 때문에 인기가 없는 것 같다. 지도를 보면 태국과 함께 밑으로 길게 쭉 말레이 반도를 향해 내려가는 서쪽 땅이 다 미얀마 영토다. 안다만 해와 뱅갈 만의 반이 그들의 영역이다. 싱싱한 횟감이며, 새우, 바다가재 등 이곳 해역에서 많이 잡히지만 바다 고기는 맛이 없다고 잘 안 먹고, 강이나 호수에서 나는 민물고기를 선호한다.

미얀마 커리(힝)를 먹을 때 현지 사람들은 손으로 먹는다. 손으로 조물조물 해서 먹는데 흉볼 것이 못 된다. 우리나라 김치를 생각해 보라. 할머니가 김치를 손으로 쭉 찢어 밥그릇 위에 놓아주면 얼마나 맛있어 했는가를.

미얀마의 관광은 파고다에서 시작해서 파고다로 끝난다고 해도 과언이 아니다. 파고다는 우리나라에서는 불탑, 탑을 뜻하나 미얀마에서의 파고다 개념은 사원을 포함한 모든 불교의 성물聖物은 모두가 파고다로 칭한다. 파고다에 입장할 때는 지위고하를 막론하고 맨발로 입장해야 한다. 외국 원수가 방문해도 예외가 없다. 5공 시절, 전두환 대통령이 미얀마를 방문하였을 때, 미얀마의 의전관례에 따라 쉐다곤 파고다를 참배토록 하였으나 맨발 입장을 거부하여 아웅산 묘지 참배로 바뀌게 되었고, 아웅산 테러사건의 참사가 일어나 아까운 국가의 인재들이 희생되었다는 이야기도 이곳에 와서 들었다.

처음에는 맨발로 다니는 것이 이상했는데 파고다마다 맨발로 가다 보니 어릴 적 시골에서 신발 없이 다니던 지난날이 생각났다. 나중에는 당연히 신을 벗고 맨발로 걸어가는 것도 익숙해지고 뒤에서 보는 우리 일행들의 하얀 발이 참 보기 좋았다.

미얀마 사람들은 꽃을 좋아한다. 파고다 앞에는 예외 없이 아이들과 노인들이 신문과 부처님 상에 걸어주는 메이빵(메이꽃)을 팔고 있다. 부처님 전에도 꽃을 공양하고 여자들의 머리장식에도 꽃을 많이 사용한다.

파고다마다 많은 사람들이 얼마나 경건하게 기도를 하는 지 '아! 여기는 불교의 나라구나' 하고 실감할 수 있었다. 사원 안에서든 길에서든 눈이 마주치는 사람들에게 "밍글로바"(안녕하세요) 하고 인사를 하면 당장 "밍글로바"라는 합창이 순진한 미소와 함께 건너온다.

대나무 껍질로 얼기설기 엮어서 만든 허름한 집에 살면서도 우리들보다 더 행복해 보이는 미얀마 사람들. 자기가 번 돈이 있으면 반 정도를 뚝 떼어 파고다에 기부하고 내세를 기원하는 사람들. 현세보다 내세를 중시하기에 그들은 순수하고 느긋하다.

물질적으로 조금더 가졌다고 우리가 과연 그들보다 행복한가?를 자문해본다.

마음속에 부처를 모시고 5계에 따라 올바른 삶을 살아가는 것이 더욱 중요하다고 생각하는 그들은 인간의 도리를 지키며 순리대로 산다. 번잡한 일상생활에서 벗어나 명상의 시간을 갖고 싶다면 불심의 나라 미얀마에 가보라고 권하고 싶다.

베트남 여행기

■ 40년 만에 다시 찾는 베트남

부산을 떠난 지 5시간이 채 되지 않아, 기내 방송이 베트남 진입을 알리고 현지의 시간과 날씨 등을 영어와 베트남어로 번갈아 알려준다. 베트남 하늘에서 내려다 본 지상에는 누렇게 굽이치는 메콩 강과 논밭들이 보인다. 띄엄띄엄 나무가 없는 민둥산이 보이기도 한다. 월남전 때 미군기의 융단 폭격과 고엽제가 만들어낸 풍경이다. 파월용사 관광객 일행은 공산화된 지 30여 년 만에 베트남으로 가고 있다는 사실을 새롭게 인식했다. 호치민시에 가까워질수록 창밖으로 펼쳐지는 열대 풍경의 푸른 숲과 그 사이를 실핏줄처럼 이어지는 강줄기를 따라 목조 가옥들이 펼쳐진다. 녹색의 풍광은 고난의 역사를 마치고 민족 통일을 이룬 생명력 넘치는 장한 모습이다.

바로 이곳이 베트남의 사이공이다. 50여 년 전인 1960년대 후반부터 1974년 월남이 패망할 때까지 우리 군대가 파병되어 수많은 젊은 이들이 자유를 지키기 위해 목숨을 걸었던 땅이다 당시 초급장교로 있던 나는 소대장(중위)으로 월남전에 참전하였다 40년 만에 찾아가는 베트남 땅에 다다르니 그간 망각의 강 위에 표류하고 있던 일들이 새삼 떠오른다.

가난한 집안을 부양하기 위해 베트남에 왔다가 총알 밥이 되었던 하○○ 병장. 지뢰 사고로 발목이 잘린 채 귀국 비행기에 오른 최○○ 중위. 월남전이 치열하던 당시 중. 소위 계급장을 달고, 보병 소대장으로 참전한 열 명의 동기생들과 수많은 전우들이 이 땅에서 전사하였다. 목숨은 건졌지만 월맹 정규군과의 교전으로 오른팔을 잃고, 귀국 후 무명가수로 힘겹게 살다가 고엽제 후유증으로 저 세상 사람이 된 조○○ 중위. '월남양민 학살죄'로 군법회의에서 사형선고를 받고 복역 중 감면되어 종교에 귀의해 목회 활동을 하고 있는 동기생 김○○목사. 우리들의 참전이 그 시대의 어쩔 수 없는 정치 사회 경제적 사정에 의한 것이었다 해도, 베트남 사람들에게 무언가 빚을 진 기분과 미안한 생각이 쉽게 지워지지 않는다.

한때 적대관계였던 나라의 국민들이 한가한 구경꾼이 되어 다시 온 걸 보면서 베트남인들은 무슨 생각을 할까? 파월장병의 한 사람으로 우리에게 좋지 않은 감정이 남아 있을지도 모르는 베트남 사람들에게 한국인의 좋은 인상을 남겨야 한다는 의무감이 들기도 한다.

지난날 평화로운 이 녹색의 땅에서 벌어졌던 치열한 전쟁의 명분은 과연 무엇이었을까? 당시 파월장병으로 불렸던 우리 젊은이들은 베트남 국민들의 자유수호를 위해 이 이국의 땅에서 뜨거운 피를 흘렸고, 그 피의 댓가가 가난한 조국에 일조를 하여 우리나라가 오늘날 이만큼이나 부강을 누릴 수 있는 하나의 계기가 되었다고 생각하니 가슴이 저려온다.

지난날의 사이공은 베트남 해방 후 공산지도자 호치민의 이름을 따 호치민 시티로 이름을 바뀌었다. 오늘날 베트남은 과거 그들이 영원히 상종할 수 없다고 죽음으로 거부했던 서구 자본주의 국가들의 자본투자를 기대하는 개방의 빗장을 풀었고, 영원한 적도 우방도 없는 협력의 시대를 맞아 우리는 관광객으로 베트남으로 찾아가고 있는 것이다.

■ 호치민에서 하노이로

호치민 시티의 탄손누트 국제공항은 이름난 국제공항인데도 작은 규모에 시설이 허술하다. 이제 국내에서도 보기 드문 트랩을 통해 계류장을 내려서니 무더운 열기가 달려든다.

출국 심사대 직원들의 까다로운 심사를 마치고, 검색대를 빠져나오니 출입국 사무소 정면에 걸려 있는 'I LOVE VISA'의 광고판이 급격한 자본의 물결에 실려 가고 있는 변화의 땅 베트남을 실감하게 한다. 탄손누트 공항은 목적지인 하노이와 캄보디아로 가기 위한 중간 기착지이다. 비행기 시간을 맞추느라 3시간을 면세 구역을 둘러보며 창밖의 열대우림 숲을 감상하다보니 그럭저럭 하노이 행 비행기 시간이 되었다. 갈아 탈 비행기 역시 조그마한 기종이다. 한국에서 타고 온 비행기보다 국내선 비행기의 앞좌석과 사이도 넓고 편했다. 2시간 남짓 비행기를 타고 하노이의 노이바이 공항에 도착했다.

공항에서 제일 먼저 눈에 보이는 것은 드라마 '대장금' 으로 베트남에 한류열풍을 일으킨 이영애의 웃는 모습의 대형 LG 광고판이다. 타국에서 국위 선양하고 있는 우리 기업체 광고를 베트남에서 보니 더욱 반갑고 고맙게 느껴진다.

공항을 빠져 나오자 현지 가이드 이민정 씨가 반기며 중형버스로 안내한다. 버스는 에어컨도 잘 나오고 마이크 시설도 잘 되어 있는 한국에서 수입한 현대의 중고차다. 동남아시아 특히 베트남에는 한류 열풍이 불고 있고, 일본차는 오른쪽에 운전석이 있어 수입이 안 되고 승용차를 제외한 승합차 버스 등 한국에서 생산된 자동차가 80%를 차지하고 있다고 한다. 수입된 차량 대다수는 한글을 삭제하지 않고 운행하고 있어 차량 간판만 보다가는 자칫 우리나라에 있는 것으로 착각될 정도이다.

가이드의 제일성은 물 조심으로 반드시 생수만 먹을 것을 권한다. 지하에서 나오는 물은 석회가 다량 함유되어 있어 베트남 사람들도 마시지 않는단다. 물 수입량이 80%라고 한다. 식당에서는 물을 주지 않고, 어떤 음료를 마실 것인지를 묻는다. 석회수가 식수로는 부적합하지만 목욕할 때 감촉은 좋았고, 피부미용에는 좋다니 그나마 다행이다.

■ 거리의 메뚜기떼 오토바이

공항을 빠져나오면서 본격적으로 드러나기 시작하는 베트남의 얼굴은 오토바이다. 출 퇴근 시간은 말 할 것도 없고 잠자는 시간을 제외하고 이 나라는 언제나 오토바이 경기장을 방불케 한다. 베트남 인구 8천만 명중 2천만 명이 소유하고 있다는 오토바이. 우리가 핸드폰을 소유하듯 베트남 사람들에게는 그야말로 필수품이다. 그들이 재산목록 1호로 여겨지는 고가의 필수품을 몰고 남여노소, 모두 길거리로 쏟아져 나와 흡사 메뚜기 떼를 보는 듯하다.

하늘이 무너져 내리는 듯한 우르릉- 하는 시끄러운 소리를 어디서나 듣게 된다. 사이드미러도 없는 오토바이를 탄 사람들은 헬멧도 쓰지 않은 채 시내 아무데서나 추월하고 유턴한다. 차와 차 사이를 S자를 그리면서 빠져나가는 곡예 운전은 보는 이로 하여금 손에 땀을 쥐게 한다. 시내를 조금만 벗어나면 신호등 하나 볼 수 없고 교통순경도 없었다. 그냥 서로 적당히 알아서 하는 무질서 속에도 생각보다는 사고율이 높지 않다는 것이 신기하다. "앞으로만 걸어라. 제 속도로 걸어라." 이것이 베트남에서 길 건너는 방법이다. 갑자기 뛰거나 멈추지만 않는다면 오토바이가 보행자의 방향을 미리 예측하여 알아서 피해 가는 것이다.

베트남 사람들은 웬만한 오토바이 고장은 직접 분해하고 조립한다. 길가마다 간이 오토바이 수리 행상과 부속품을 파는 행상이 있고, 휘발유도 주유소가 아닌 거리 곳곳에서 팔고 있다.

여자들은 거의 다 모자와 수건으로 얼굴을 가리고, 긴 장갑을 껴 햇볕과 먼지와 매연을 피하고 있다.

오토바이 다음으로 많이 보이는 것이 자전거와, 세 바퀴 달린 씨클로다. 대중교통 수단이 발달하지 못한 베트남에서는 자전거나 오토바이는 없어서는 안 될 필수품으로 가구마다 한 대 이상 있다고 한다. 사막을 다니는 대상隊商에게는 자동차보다 낙타가 더 유용할 수 있듯이 과거 지배국이었던 프랑스에 의해 설계된 베트남의 좁은 도로에서는 몸집 큰 자동차보다 기민한 오토바이가 더 실용적이라는 생각이 든다.

■ 베트남의 자부심 하롱베이

하롱베이는 1994년 유네스코가 세계문화유산으로 지정한 곳이다.

외적의 침입 때문에 고민하던 이 땅에 용의 아들이 내려와 적을 물리치고 보석을 품어내어 기암괴석이 되었다는 전설이 있는 하롱베이는 베트남 역사의 발상지로 이 나라 사람들의 자부심이자 민족의 성지이다. 프랑스의 유명한 출판사가 세계에서 풍광이 가장 아름다운 명승지라며 세계8대 불가사의 하나라고 소개한 곳이기도 하다.

주위가 1,500 평방킬로미터에 호수같이 잔잔한 녹색바다에 불쑥불쑥 솟아오른 갖가지 모양의 3,000여개의 기암괴석으로 이루어진 하롱베이는. 바이차이 선착장부터 희미하게 보이는 선경으로 스릴과 흥분과 즐거움이 있다. 다가가면 섬이 있고, 섬 뒤에 희미하게 숨어 있던 섬들이 다시 나타나고, 섬들이 갖가지 모양으로 에메랄드 녹색 잔잔한 바다와 어울려 다가오고 있다. 섬마다 개섬, 코끼리섬, 싸움닭섬 같이 동물 이름을 붙인 것도 있는데 아주 흡사하게 생겼다.

아이와 여인네들이 얼기설기 엮은 대형 바구니에 검은 기름을 묻혀 만든 1인승 소형 보트로 노를 저으며 유람선에 다가와 과일과 음료수, 갓 채취한 산호 등을 사라고 조르기도 한다. 바다 가운데 종유 동굴이 있는 꿍 이라는 섬에 내려 신기루 같은 갖가지 형상의 환상적인 동굴도 볼 수 있다. 바다 가운데에 커다란 고기를 잡아 가두어두고 활어로 파는 수상촌에서 어른 팔뚝보다 더 큰 다금바리나 갑오징어 등 횟감을 흥정하는 재미도 여정의 흥을 한껏 돋운다.

우리나라 제주도 앞바다에서도 잡힌다는 다금바리는 한 마리가 보통 5킬로가 넘고, 보통 한 마리당 2백 달러내지 2백5십 달러 정도가 된다. 베트남 사람들의 한 달 급여에 해당하는 금액이다. 불과 일 년 전만해도 한 마리당 십 만원 정도였는데 한국인관광객들이 많이 먹다보니 그 값이 엄청나게 올랐다고 한다. 그들의 봉이 될 수 없다고 생선회 먹기를 포기 하자는 의견도 있었으나, 적이었던 나라 군인이 이제 한가한 구경꾼이 되어 찾아왔으니 베트남 사람들에게 좋은 인상을 남겨야 하지 않겠느냐고 설득하여 다금바리 두 마리를 사자 어른 얼굴보다 더 큰 갑오징어 한 마리와 새우 게 등을 덤으로 듬뿍 주었다. 말은 통하지 않아도 가는 정 오는 정은 사람 사는 세상 어느 곳에서나 다르지 않다는 생각이 들었다. 선상에서 먹는 점심은 현지식으로 나물과, 볶음도 있고, 생선회와 매운탕으로 차려진 진수성찬이다. 베트남이 자랑하는 타이거 비어를 마시면서 보석같이 아름다운 하롱베이의 푸른 섬들을 구경하는 즐거운 식사 시간이었다.

하롱베이 관광의 하이라이트는 띡땁섬. 호치민 주석이 소련 우주인 띡땁이 무명 시절 함께 올라 관광하면서 베트남 해방에 도움을 준 그를 기리기 위해 이 섬에 그의 이름을 붙였다는 전설적인 섬이다. 중간 지점과 맨 꼭대기에 정자가 있다. 위에서 내려다보니 가까이 보이는 섬 사이에 수상촌들이 보이고 학교 건물도 보인다. 수평으로 보이던 점점이 박혀있던 첩첩산중의 봉우리들이 더 많이 눈에 들어와 녹색 바다와 조화를 이룬다.

■ 하노이의 호치민 광장

호치민 광장은 하노이 시 서북쪽에 바딘 광장을 중심으로 널찍하게 자리 잡고 있다. 입구부터 경계가 삼엄하고, 작은 말소리와 경건한 태도를 지니도록 한다.

베트남 국민들에게는 민족의 영웅으로 추앙받는 호치민이 있다. 평생 결혼도 하지 않고, 조국 베트남을 위해 일생을 바친 그를, 베트남 국민들은 "호 아저씨"라 부르며 따른다. 그가 생전에 사용한 집무실과 침실은 너무나도 간소했고, 침대 머리맡에는 다산 정약용의 『목민심서』가 놓여있어 인상적이다. 그는 목민심서를 읽으면서 늘 공직자로 지켜야할 자세를 가다듬고 실천하였다고 한다. 거대한 미국과 싸워 베트남의 통일을 쟁취한 호치민은 나라는 가난하지만 자존심이 강한 베트남의 우상으로 영원히 존경을 받고 있는 것을 볼 수 있었다.

호치민의 묘는 바딘 광장이 바라다 보이는 곳에 베트남의 국화國花인 연꽃과 닮은 모형으로 조성해 놓고 있다. 호치민은 생전에 그가 죽은 다음 그의 시신을 화장하고 어떤 우상화 작업도 하지 말아 줄 것을 부탁하였으나 그의 소망과는 달리 영원히 썩지 않도록 처리되어 안치되어 있었다. 해마다 한번 모스크바에 가서 방부처리 하는데 마침 우리가 방문 할 때 시신은 모스크바에 가 있는 기간이라 볼 수 없어 아쉬웠다. 흰 제복의 의장대 병사들이 빈 묘소를 부동자세로 지키고 있었다. 참배객들은 누구나 2백 미터 전방에서 걸어서 들어와야 한다. 모자를 써도, 반바지를 입어도, 웃어도, 말을 하여도, 주머니에 손을 넣어서도 안 된다. 79세로 영면한 호치민 주석의 묘소 옆에는 "호치민은 우리의 영원이시며 길이 살아계신다"는 구호가 걸려 있고 레닌 동상도 보인다. 맞은편에 자리한 공산당 건물에는 베트남어로 "공산당은 영원하리"란 간판이 눈에 띈다.

호치민 기념 묘 남서쪽에 호치민 박물관이 있다. 여기에는 베트남의 국부인 호치민의 유물과 관계서류 등이 전시되어 있는데 생전에 전쟁터에서 진두지휘 하는 모습. 아이들을 안고 있는 모습 등 사진들이 많았다. 과연 국부로 존경 받을만한 분이라는 생각이 든다.

군사박물관 입구 광장에는 미그21기가 있었고 2층 전시실에는 이것으로 격추시켰다는 미국B52기의 잔해를 모아놓고 자랑하고 있었다. 전에는 그들의 적대국이었던 한국의 맹호, 백마 청룡부대의 자료도 전시실에 비치되어 있었는데 우리와 국교 수교 후 한국의 참전 자료들은 치워 버렸다는 가이드의 설명에 숙연해진다.

주마간산 격으로 둘러 본 바딘 광장 사열대에서 사자후를 토하는 호치민의 모습을 떠올리며 그들의 정신을 읽는다. 베트남의 근 현대사가 우리와 너무나 흡사한 것에 다시 한번 놀라게 된다. 제국주의 지배를 받고, 그들의 논리에 의해 분단이 되고, 그 과정에서 동족 간에 전쟁을 겪은 베트남의 어제는 한반도의 거울이었다. 그러나 우리와 달리 베트남은 조국 통일의 위업을 달성했다는 점에서 차이가 난다. 이들은 프랑스를 몰아내고 세계를 지배하는 최강국인 미국과 당당히 맞서 싸웠고 통일 베트남 신화를 이룩한 영웅들이 아닌가. 호치민 광장에 서니 존경하는 지도자를 둔 베트남 국민들이 부럽기 그지없다

■ 베트남 사람들이 사는 모습

베트남의 하루는 이른 새벽부터 시작된다. 5시 반이면 일어난다. 시장을 보는 일도 이른 아침부터 서둔다. 이는 냉장고를 갖추지 못한 가정이 많아서 신선한 재료를 사는 일이 중요하기 때문이다. 직장에서 일은 보통 7시에서 7시 반 경이면 시작한다. 점심시간인 11시 반 무렵이면 모두 일을 멈추고 집으로 돌아가 가족과 함께 식사를 하고, 한 낮의 더위 속에서 낮잠을 즐긴다. 오후 일은 오후 1시반에서 2시 사이에

시작하고, 4시에서 4시 반 사이에 마친다. 많은 사람들이 돈을 더 벌기 위해 두 개의 직업을 가지고 있으며, 두 개의 일을 모두 마친 후인 오후 6시 반쯤에 가족과 함께 저녁 식사를 하기 위해 집으로 돌아간다.

베트남 하면 떠오르는 이미지는 여성들의 전통 의상인 '아오자이'다. 아오는 윗도리 자이는 긴 치마라는 뜻이다. 아오자이는 매우 우아하고 점잖으면서도 섹시한 옷으로 보인다. 젊은 아가씨들은 파스텔색 톤이나 흰색의 웃옷을, 결혼한 여성들은 진한색이나 밝은 색 웃옷을 흰색이나 검은색 바지 위에 입는다. 베트남 여객기의 여자 승무원들은 붉은 색 아오자이를, 공항에 근무하는 여직원들은 파랑색 아오자이를 유니폼으로 입었다. 호텔이나 고급 식당에서 여종업원들은 아오자이를 입었지만 일반인들이 아오자이를 입은 모습은 흔치 않다. 가이드의 설명에 의하면 호치민시를 비롯한 남쪽 지방에서는 각급 학교 교복으로 아오자이를 착용하고 일반인들도 많이 입는데 하노이를 비롯한 북쪽 지역에서는 자본주의 옷이라고 못 입게 규제까지 하여 보편화 되지 않았다. 그러나 지금은 관공서나 직장 유니폼으로 입을 뿐만 아니라 명절에는 우리의 한복처럼 고유의상으로 착용을 권장한다고 한다.

노동자들은 실용적이고 느슨한 면직 상의를 검은색 바지 위에 입었다. 그들은 거의 신발을 신지 않았는데 이는 논에서 일하기에 적당하지 않기 때문이다. 또한 남녀 모두 햇빛이나 비를 가리기 위해 베트남 특유의 전통 여성 모자라는 팜 잎으로 만든 고깔 모양의 논이나, 노동자들이 주로 쓰고 다니는 베트공 전투모인 국방색 모자 무컹Mu Cung을 쓴다.

베트남 수도 하노이에서 가장 보편적이고 유명한 음식은 쇠고기 쌀국수인 퍼보 이다. 갓 삶아낸 쌀 국수에 쇠고기 육수를 붓고 얇게 썬 쇠고기 조각을 얹는다. 그리고 양파, 풋고추 가루, 레몬즙, 등을 넣는다. 식욕을 당기게 하는 요리로 먹고 나면 든든한 느낌이 든다. 시내 곳곳에는 쌀국수를 전문으로 하는 음식점이 많아 퍼Pho라는 간판이 눈에 잘 띈다.

베트남에서 가장 흔한 음료는 째Cho, 혹은 짜Tra라고 불리는 차이다. 사람들은 수시로 차를 마신다. 아침 일찍 차 주전자를 준비하여, 보온병에 담아가지고 다니면서 하루 종일 마신다. 손님이 오면 작은 찻잔에 부어 대접하고, 차가 식었다면 잔에 조금만 따르고 그 위에 뜨거운 물을 더 붓는다. 허름한 집이나, 사무실, 초라한 노천카페일지라도 차를 나누는 모습에는 멋이 느껴진다. 차는 베트남인들에게는 편안하고 익숙한 일상이며 예의이고 관례다.

베트남은 과일의 천국이다. 수박, 멜론, 파인애플, 바나나, 리치, 파파야, 람부탄, 잭푸루트, 망고스틴 등과 다양한 감귤류가 자란다. 톡 쏘는 냄새가 나는 두리안도 그 중의 하나이다. 여행기간이 우기 철이라 다양한 과일을 모두 맛볼 수는 없었지만 선인장에서 나는 선명한 분홍색 껍질에 속은 흰색 과육에 작고 까만 씨앗이 촘촘하게 박혀있는 드래곤 프루트와 바나나는 파월당시 즐겨 먹던 과일로 추억을 되새기며 먹는 재미가 쏠쏠하였다.

베트남에서는 짙은 초록색의 포장지를 만날 수 있다. 세상에서 가장 낭만적인 포장지일 것이다. 종이도 비닐 팩도 아닌 바나나 잎사귀로 된 포장지다. 쫀득한 찹쌀밥 쏘이를 포장해 줄 때도, 그 포장지가 쓰인다. 시장 한 구석에 차곡차곡 접어놓고 파는 낭만적이고 공해 없는 포장지. 바나나 잎 향이 스민 음식들은 어릴 적 솔잎을 깔고 찐 추석 송편을 먹을 때처럼 향긋하게 느껴진다.

베트남은 금연 하는 곳이 거의 없어 애연가의 천국이다. 담배는 아버지와 아들 엄마 구분 없이 남녀노소가 함께 피우지만 술은 나이든 사람하고는 같이 마시지 않는다.

베트남은 한없이 펼쳐진 들판과 호수가 많은 것이 특이하고, 주택은 도시나 시골 모두 똑같은 규격(폭 4미터에 길이 10미터)으로 크기가 일정하다. 초과할 경우 정부의 승인을 얻어야하고, 많은 세금을 내야한다. 건물의 높이는 제한하지 않지만 1미터만 파도 물이 나오는 지반이 약한 곳이라 6층 이상도 없고 지하층도 거의 없다. 공산국가답게 집 크기만큼은 동일하고 공평한 것 같다. 베트남 사람들은 아파트를 선호하지 않아 외국인이 건설한 아파트가 텅 비어 있다고 하니 우리나라의 아파트 선호와는 너무나 다르다.

베트남의 어느 가정에서나 옛날 우리나라 시골에서 부엌의 조왕신이나 신주단지를 모시듯 부엌의 신과 조상의 신을 섬기는 반터Ban Tho가 있다. 기도드리는 탁자 정도의 너무 작고 귀여운 이 제단에 베트남 사람들은 꽃과 향을 올리고, 매일 싱싱한 과일을 놓아둔다. 바다 가운데 있는 수상촌에서도 가장 먼저 눈에 들어오는 것은 반터Ban Tho였다. 파월 당시 주둔지 부근에 사는 누 라는 사람의 집에 가면 늘 볼 수 있었던, 그 모습을 보며, 오래전 시골 이발소에 걸려있던 그림들처럼 촌스러우면서도 친근하고 왠지 따뜻해 보였다. 반터는 때로는 마치 새집처럼 큰 가로수나 담 위에 얹혀 있기도 했고, 시골집에서는 마당

귀퉁이에 낮은 기둥을 만들어 그 위에 올려 두기도 하는 등 베트남 어디에서든 만날 수 있다. 베트남인들의 크고 작은 소망들을 다 들어 줄 것 같은 희망의 제단이 아닐까 생각된다.

베트남인들은 스스로 근면, 성실, 인내, 친절, 용감성 등의 국민성을 지니고 있다고 생각한다. '중국 프랑스 일본 그리고 미국과 그 동맹국들의 외침을 성공적으로 물리친 국민' 으로 자신들을 표현하고자하며 무엇보다 외세에 굴복하지 않는 역사를 지닌 나라라는 자부심이 매우 강하다.

■ 베트남을 떠나면서

한국과 베트남은 공통점이 많다. 건국신화에 등장하는 용의 문화, 쌀을 주식으로 하는 식생활, 젓가락 문화, 개고기를 즐기는 음식 문화, 부모와 조상, 스승과 연장자를 존경하고 장례식과 결혼식을 중요시하고 제사를 정성껏 모시는 유교 문화, 흰색 옷을 즐겨 입는 의생활 문화 등 문화적 유사성이 많아 동질감이 느껴지는 나라다.

지금의 경제수준은 낮지만, 1986년 도이모이정책을 채택하여 시장경제를 도입하여 개혁을 하고 있는 중이다. 그들은 목적을 위해 필요하다면 외국의 사고방식에 순응하기는 하되 근본을 바꾸지는 않는다. 그들의 민족적 자부심과 자긍심은 오늘날 베트남을 외침으로부터 지켜온 버팀목이다. 어려운 경제력 속에서도 교육열이 높아 94%라는 높은 문자 해독력을 가진 나라다. 부지런하고 손재주가 많은 베트남 사람들은 머지않아 새로운 아시아의 용이 되어 승천할 것으로 기대하면서 귀국길에 올랐다.

추억 자리에 서서

차달숙 수필집

3

광야의 축제

광야의 축제

현대는 고도로 발달된 문화와 과학문명으로 살기도 편해졌고 살기 좋은 세상이 되었다.

외적인 조건과 환경은 얼마든지 행복하고 복되게 살아갈 수 있도록 준비되어 있다. 그럼에도 불구하고 도심의 한복판에서 고독을 느끼고 물결치는 사람들 틈에서도 삭막함과 허전함을 맛보며 살고 있다.

어느 사회학자는 현대사회를 가리켜 '군중 속에서의 고독'이라는 말로 표현했다. 마치 허허벌판의 광야 같이 몰인정한 찬바람이 휘몰아치고 짐승소리나 간간이 들리는 광야 같이 고독하고 쓸쓸하다고 했다.

광야의 사회를 사람이 사는 훈훈한 사회로 바꾸기 위해서는 모든 사람이 내가 좀 손해보고 희생을 하면서도 남에게 베풀고자 하는 마음이 있을 때 가능하다.

◆ 인도의 성자로 불리우는 선다싱의 경험담

어느 추운 겨울에 선다싱은 그의 동료와 함께 선교여행 중 눈 덮인 높은 산 고개를 넘어 가고 있었다. 산마루턱쯤에서 추위와 배고픔에 지쳐 쓰러져 있는 사람을 만나게 되었다.

선다싱은 그를 업고 가자고 제의했다. 그러나 친구는 혼자 가기도 어려운데 죽어가는 사람 데려가려다가 세 사람 모두 죽을 테니 안 된다고 반대했다.

결국 그 친구는 혼자 떠나고 선다싱은 혼자서 쓰러진 사람을 등에 업고 산을 넘기 시작했다.

넘어지고 자빠지면서도 다시 일어나기를 수없이 반복하는 중에 선다싱의 몸에서는 땀이 흘러 온몸에서 김이 무럭무럭 올라오고 있었다. 동사직전에 등에 업힌 그 사람도 선다싱의 체온에 의해 얼었던 몸이 녹아서 깨어나게 되었다. 그는 선다싱의 부축을 받다 자기발로 걷기 시작했다. 그런데 내려가는 길에 진짜 동사자를 만났는데 자세히 보니 그는 얼마 전 자기만 살겠다고 먼저 내려갔던 선다싱의 동료였다. 선다싱의 경험에서 입증하듯이 인간의 삶은 홀로 있음의 자리가 아니다. 함께 다른 사람과 더불어 살아간다.

◆『빙점』의 주부작가 미우라 아야꼬 여사의 이야기

이름이 알려지기 전의 아야꼬는 남편의 수입만으로는 생활이 어려워 조그마한 구멍가게를 차렸다. 점점 장사가 잘되어서 마침내는 트럭으로 물건을 들여와야 할 정도로 가게가 번창하게 되었다.

그러던 어느 날 직장에서 돌아온 남편이 아내가 분주히 일하는 모습을 보고는 안쓰러운 마음에서 농담 겸 진담으로 “우리 가게가 이렇게 잘 되는 것은 좋지만 이 주위가 다 어려운 사람들인데 우리가 잘되므로 다른 구멍가게들이 안 되면 어떻게 하느냐."는 말을 하였다.

아야꼬는 순간 그것을 깨닫고는 곧 자기를 희생하여 자기 가게의 물건을 줄일 뿐만 아니라 어떤 물건은 아예 갖다 놓지를 않았다.

그렇게 하여 손님들이 없는 물건을 찾을 때에는 "그 물건은 저 가게에 가면 있습니다."하면서 손님을 나누기 시작하였다. 이렇게 하고 나니 미후라 아야꼬 여사에게는 시간적 여유가 생기게 되었고 그 결과 틈틈이 펜을 들어 완성시킨 작품이 바로 세계적으로 유명한 『빙점』이라는 소설이라고 한다.

미우라 아야꼬 여사의 이야기는 비록 구멍가게를 하며 분주히 생활하는 가난한 한 가정의 주부라 할지라도 마음의 문을 활짝 열고 희생하는 마음을 가지게 될 때 그의 마음에는 심오한 생각과 영감이 일어나 좋은 작품을 내어놓을 수가 있었다는 것이다.

희생을 하면 먼저 자신에게 유익하다. 남에게 섬김을 받아서도 기쁨이 오지만 그 기쁨은 일시적이고 욕구만 증대되어 큰 기쁨은 사라지고 만다. 그러나 남을 위해서 희생하고 봉사하는 것은 힘들기도 하고, 어렵기도 하지만 결과적으로는 마음속 깊은 곳으로부터 솟아나는 기쁨이 찾아온다. 남에게 봉사해 보거나 베풀어 보지 않은 사람은 알 수 없는 기쁨이다.

더불어 사는 사회, 희생하는 사람들이 많아질 때 그 사회는 더욱 아름답고 풍요로운 사회가 될 것이며 외롭고 찬바람 몰아치는 광야에서 훈훈한 사회 아름다운 축제로 바뀌게 될 것이다.

나 자신을 아는 일

링컨의 전기傳記 작가로 유명한 아메리카의 詩人 샌드백은 무려 22년간을 그의 모든 생각과 시간을 이 위대한 흑인 노예 해방자의 생애를 이해하는데 이바지했다. 그는 링컨이라는 과거의 인물을 심오하고도 영감을 주는 글로 이 시대에 되살려 이 책이 출판되자마자 독서계의 절찬을 받고 한꺼번에 명예와 부富를 얻었다.

이때 그의 친구가 이제부터는 무엇을 할 계획이냐고 묻자 샌드백은 "나는 이 카알 샌드백이라는 사람이 어떤 사람인가를 이제부터 찾아보려고 한다."

그가 이렇게 말한 의미는 그는 지금까지 이 세상을 자기 아닌 다른 사람의 눈을 통해서만 바라보았기 때문에 그 자신의 내적인 통찰력과 자신에 대한 충실을 상실할는지를 모르는 그런 위험 중에 있었다는 자각이다.

甲은 학교에 다닐 때 성적이 우수하고 가정환경도 좋아 소위 출세가 보장되던 친구인데 사회에 나와서는 그냥 그렇게 자기 그릇을 조그맣게 만들어 살고 있고, 乙은 같이 공부하고 있을 때 甲만한 성적을 지니지 못했음에도 직장과 사회에서 출세하여 많은 친구들을 도와주고 이끌어주는 지도자적 위치에 있는 경우가 많다.

이때 甲은, 학교 공부도 내가 잘 했고 주위 환경 등 모든 면에서 내가 앞선다고 생각하고 있었는데 지금은 왜 乙이 나보다 앞서게 되었을까 하고 생각하게 된다. 그러나 甲은 공부는 열심히 했으나 자기 자신에 대한 문제의식이 없이 지냈다. 시험공부를 열심히 했고 학점은 A학점을 많이 땄으나 그저 지식을 단편적으로 믿고 있었을 뿐이다.

그런데 乙은 그동안 많은 독서와 학문에서 깊은 문제의식을 가지고 자랐다. 그래서 직장이나 사회생활을 하는 동안 그 문제의 해결을 얻기 원했고, 큰 문제를 안고 산만큼 인간됨과 그릇이 컸던 것이다.

코라코브 지방에 랍비 아이식이란 몹시 가난한 사람이 살고 있었는데 하루는 꿈에 어떤 사람이 그를 보고 프라하로 가서 왕궁으로 건너가는 다리 밑에 보물을 찾으라고 하였다. 같은 꿈을 세 번째 꾸자 그는 여장을 하고 프라하로 떠났다.

그러나 그 다리에는 밤낮으로 왕실 수비대가 지키고 있어 그는 땅을 팔 엄두도 못 냈다. 그래도 아침이면 다리로 가서 날이 저물도록 그 근처를 빙빙 돌곤 했다.

마침내 그를 눈여겨보던 수비대장이 친절한 말씨로 "무엇을 찾느냐?" 아니면 "누구를 기다리느냐?"고 물었다. 랍비 아이식은 먼 나라에서 그를 여기까지 오게 한 꿈 이야기를 들려주었다.

수비대장은 껄껄 웃으며 이렇게 말했다.

"이런 딱한 양반이 있나, 그래 꿈만 믿고 신창이 닳도록 여기까지 오셨단 말이죠. 꿈 이야기가 나왔으니 말이지 나도 꿈을 믿었더라면 꿈이 일러 주는 대로 코라코브까지 가서 어떤 유태인이 사는 방구들 밑을 팔 뻔했지요. 그 유태인의 이름이 아이식이라나요, 생각만해도 어이없는 노릇이죠. 아이식인가 뭔가 하는 사람 집을 찾아 나섰을 생각을 하니 참" 그러면서 또 한바탕 웃었다.

랍비 아이식은 인사를 하고 고향으로 돌아와 자기 집 구들 밑에서 보물을 파내어 하고 싶은 일을 하였다.

이 이야기는 유태인들 사이에 전해오는 자아개발에 관한 교훈적인 이야기로 여기서 말하는 보물은 바로 나 자신을 아는 일이다.

인간은 흔히 다른 사람이 지니고 있는 장점들을 부러워하면서도 막상 자신이 가지고 있는 장점들을 개발해 내서 자신의 삶을 풍요롭게 할 줄을 모른다.

내가 나를 안다는 것은 일생에 걸친 일이며, 자신을 사랑한다는 것은 자신을 알아 더 귀하고 값있게 살도록 이끌어 가는 일이다. 그러므로 자신의 능력을 공정히 평가할 수 있을 때, 사회적으로 떳떳한 직책을 감당하면서 존경을 받을 수 있고 자신의 선택한 의지와 신념을 믿을 수 있어 이웃과 사회에 봉사할 수 있게 된다.

결국 자신을 잘 아는 사람이 건전한 성장을 가져올 수 있고 자신을 실천 구현할 수 있는 인물이라야 성공하며 또 지도자로 자랄 길이 열린다. 그러므로 우리는 나 자신을 아는 일을 소홀히 해서는 안 된다. 중요한 자기 성격을 반성도 하지 않고 조종하려는 노력도 하지 않는다면 그 결과는 어떻게 되겠는가는 자명한 일이다.

후회하는 오리

세계의 화약고 '중동' 팔레스타인 땅에 요르단 강이 있다. 그 강에는 호수가 둘 있는데 하나는 갈릴리 호수이며 다른 하나는 우리가 잘 아는 사해死海이다.

이 두 개의 호수는 같은 이스라엘 땅에 있으면서도 서로 전혀 다른 성격을 지닌 호수들이다.

갈릴리 호수는 주위에서 항상 맑은 물을 받아들이면서 한편으로 그 물을 요르단으로 흘러 보내는 생명력이 넘치는 아름다운 호수지만, 사해는 주변으로부터 물을 받아들이기만 했지 배수 하천이 없어 증발만 계속되기 때문에 염분의 농도가 짙어져서 주변에 수목조차 살지 못하는 그야말로 죽음의 바다인 것이다. 이와 같이 흐르는 물은 썩지 않는다.

그러나 강물이 흐르지 않고 한군데 오래 고여 있으면 마침내 물고기가 살지 못하는 죽은 물이 되고 만다. 마찬가지로 발전하는 인간, 발전하는 사회는 결코 현재에 머무르지 않는다.

주어진 여건에 만족하여 창조의 이상도 발전의 의지도 갖지 못하는 현실안주형의 인간이나 사회는 고여 있는 물처럼 결국은 퇴보하거나 멸망해 버리고 만다.

창조와 발전이란, 끊임없는 미래를 지향하여 전진하는 것이지, 과거나 현재에 집착하는 회고주의나 무사안일주의가 아니기 때문이다.

덴마크가 낳은 사상가 '키에르고르'는 인생의 한 면모를 후회하는 오리에 비유해서 표현한 적이 있다.

혹한을 피해 남쪽으로 떠나려고 준비하는 오리 떼들은 늦가을 밤에 모든 채비를 갖추고 출발하기에 앞서서 큰 파티를 열었다. 먼 장도에 오르기 전에 큰 농장에 모여 마음껏 곡식을 주워 먹으므로 내일부터 펼쳐질 여행에 힘을 축적하려는 것이었다.

어느덧 출발해야 할 시간이 되었다. 그러나 이때 큰 오리 한 마리가 주저하면서 말했다.

"이 곡식들은 맛도 있고 먹기도 좋으니 나는 조금 더 남아 있다가 충분히 먹고 떠나야지."

다른 오리들은 다 떠났지만 며칠 더 머물기로 작정했다.

이 정도 추위는 쉽게 견딜 수 있을 것 같기도 하고 더구나 곡식들이 너무나 맛이 있었기 때문에 그대로 훌쩍 떠나버리면 훗날 후회할 것만 같았다. 먼저 날아간 버린 동료 오리들이 그렇게 불쌍할 수가 없었다.

며칠이 지났다. 그동안 오리는 매일 혼자서 습관처럼 중얼거린다.

"내일이 오면 따뜻한 남쪽나라로 떠나야지."

그러면서도 결행決行을 하지 못하고 매일매일 미루고만 있었다.

드디어 세찬 겨울바람이 온 천지에 불어오고 대지는 꽁꽁 얼어붙기 시작했다.

더 이상 견딜 수 없다는 결론을 얻은 오리는 비로소 날개를 펴고 농장 마당을 가로질러 날려고 했다. 그러나 불행하게도 오리는 날 수 없었다. 그동안 욕심껏 맛있는 곡식을 주어먹었기 때문에 너무도 살이 쪄서 뒤뚱거리는 이 욕심 많고 우유부단한 오리에게 겨울의 창공은 길을 내어 주지 않았다.

결단의 순간을 놓쳐버린 오리는 남쪽으로 날아갈 기회를 영영 잃어버린 것이었다. 후회하는 오리에게 찾아온 것은 매서운 북풍뿐이었다.

키에르고르의 오리 이야기는 우리에게 현실이 아무리 좋아도 거기에 계속 안주하게 되면 더 좋은 세계를 향해 발전할 수 없다는 것을 교훈으로 주고 있다. 또한 연약한 인간들이 자꾸만 지금 내가 이 자리에서 해야 할 일을 내일로 미루는 경향이 있음을 경고하고 있다.

'쇠는 달구어 졌을 때 두드려라'는 속담처럼 바로 결단의 타이밍을 놓치지 않는 혜안이 중요하다. 현대는 부단히 그리고 빠르게 변화하고 발전하는 시대이다.

하루가 다르게 변화하는 세상, 치열한 국제경쟁의 시대에서 과감한 개혁 없이 일상의 틀에서 안주해 버린다면 남쪽나라로 떠나는 시기를 놓친 오리와 같은 사태가 우리에게도 닥쳐올 수 있다.

우리에게 필요한 것은 미래지향적 사고이다. 오늘 할 일은 내일로 미루지 말아야겠다.

어머니의 마음

“어머니는 세상의 모든 것, 어머니는 슬플 때 위안자요, 불행할 때 희망이며, 허약한 순간엔 힘이다. 그리고 어머니는 자비와 관용과 용서의 원천이다.”

이 말은「부러진 날개」에 나오는 칼릴지브란의 글이다.

과연 이 세상에 어머니 보다 고상하고 아름다운 존재가 어디 있는가. 이 시대의 지성인으로 존경받는 철학자 안병욱 교수는 그의 수상집『지상에서 가장 아름다운 것』을 통해 ‘지상에서 가장 아름다운 것은 사랑이다. 사랑 중에서도 으뜸가는 것은 어머니의 사랑이다’ 라고 표현하고 있다.

어느 날 하느님이 천사에게 지상에서 가장 아름다운 것 세 가지를 가져 오라고 하였다. 천사는 지상에 내려와 예쁜 꽃과 갓난애의 웃음과, 어머니의 사랑을 바구니에 담아 하늘로 올라갔다. 천국을 가는데 긴 세월이 걸렸다. 천사는 지상에서 가장 아름다운 것 세 가지를 하느님 앞에 내어 놓았다.

예쁜 꽃은 이미 시들어져서 추하게 되고 말았다. 갓난애는 자라서 천진난만한 웃음이 사라졌다. 그러나 어머니의 사랑은 그때나 지금이나 조금도 변하지 않고 한결 같았다. 하느님은 어머니의 사랑을 이 지상에서 가장 아름다운 것으로 받아 들였다.

이 우화寓話는 인생의 깊은 진리를 상징한다. 어머니는 순결과 부드러움과 사랑의 대명사다. 사랑하는 생명을 낳고 사랑으로 생명을 키우고 사랑으로 자기 몸을 불살라 버리는 하느님의 사자使者라고 하겠다.

사람의 사랑에는 여러 가지가 있지만 자식의 죽음도 대신 할 수 있고 자식의 출세를 위해 모든 것을 다 버리고 바칠 수 있는 것이 어머니의 사랑이다.

어느 어머니의 지극한 정성이 사형수였던 아들을 무기수에서 20여 년 만에 가석방시켜 세상의 빛을 보게 한 사형수 살린 모정母情이야기는 우리를 숙연하게 한다.

화제의 주인공은 살인 강도죄로 20년간을 복역하다 출소하여 지금은 불교에 귀의하여 법사로 새 삶을 살고 있는 梁모씨.

그는 75년 12월, 경남 진주에서 술에 만취한 상태에서 변심한 애인을 찾아 갔다가 방에서 자고 있던 가정부를 애인으로 잘못 알고 살해, 사형선고를 받고 대구교도소에 수감됐다.

당시 72세의 어머니는 11남매 중 막내인 梁씨를 위해 교도소 옆에 단칸방을 얻어 놓고 2년 반 동안 하루도 빼놓지 않고 면회를 다녔다.

어머니는 '내 자식이 냉방에서 자는데 내가 따뜻한 방에서 잘 수 있겠느냐' 며 엄동설한에도 군불 한 번 지피지 않고 아들의 업보를 함께 짊어져 나갔다. 또 '아들을 사형수로 잘못 키운 어미도 공범' 이라며 속죄의 심정으로 매일 아침 교도소 주변을 청소하고 동네 오물청소, 초상집에 찾아가 염습해주기 등 아들의 죄가 씻겨지는데 도움이 된다면 어떤 궂은일도 마다하지 않았다.

이러한 어머니의 정성은 한 스님의 귀에도 들렸다. '재소자의 대부'로 널리 알려진 朴三中 스님은 당시 포교사로 대구교도소를 드나들고 있었다.

스님에게 어머니는 "내 아들이 형 집행 당하믄 화장해서 뼈에 밥풀과 꿀을 발라 까막까치 밥으로 뿌릴끼요. 그카믄 짐승이 뼈를 먹게 되니 죄도 씻어질끼고, 나도 공범 됐으니 따라 죽어서 똑같이 할끼라."고 말한다.

스님은 그길로 각계 인사 5천명의 서명을 받아 梁씨에 대한 형을 집행하면 어머니도 따라서 죽게 돼 결국 두 사람을 죽이는 꼴이 되니 梁씨의 사형집행을 노모가 돌아가신 후로 연기해 줄 것을 청원하는 탄원서를 들고 당시 법무부 장관(李선중)을 찾아갔다.

梁씨 어머니의 눈물겨운 정성에 팔순 노모를 둔 李장관도 눈물을 훔쳤고 당시 朴정희 대통령도 노모의 지극한 자식 사랑에 감동해 78년 성탄 특사에서 梁씨를 사형수에서 무기수로 감형조치 했다.

梁씨의 비화는 그 후 朴三中 스님에 의해 책으로 출판되었고 당시 MBC 인기 라디오 프로 법창야화法窓夜話에 '모정불심母情佛心'이라는 제목으로 방송돼 화제를 모았다.

아들의 사형집행을 간신히 돌려놓게 된 어머니는 고향인 진주로 돌아가지만 그의 자식 사랑은 여기에서 멈추지 않았다.

대구에서 마산으로 또 대전으로 아들이 갇힌 곳이면 어디든 면회를 다녔다. 그러던 어머니는 17년간 창살 없는 감옥 생활 끝에 92년 4월, 89세를 일기로 세상을 떠났다.

아들이 즐겨 쓰던 선글라스와 운전면허증, 주민등록증을 손에 꼭 쥐고 '내 죽거든 뼈에 꿀을 발라 까막까치 밥으로 뿌려 달라'는 유언과 함께. 어머니의 간곡한 정성에 감동한 사형수 梁씨는 감형 후 불교에 귀의해 새로운 인간으로 태어났다.

그는 피해자의 명복을 위해 금강경 독송으로 참회하는 삶 속에서 교도소 내 모범수로 활판인쇄 기능사 2급 자격증도 땄고, 불교 통신대학 과정을 마쳐 포교사 자격도 취득했다. 또한 틈틈이 갈고 닦은 서예실력으로 93년과 94년 경남 서예대전과 미술대전에서 입상하기도 했다.

梁씨가 가석방이 결정되던 95년 말 梁씨의 꿈 이야기는 우리의 콧등을 시큰하게 한다.

아침에 갑작스레 교도소장으로부터 양씨의 석방건의서가 법무부에 상신됐다는 얘기를 들은 전날 밤 꿈에 나타나신 어머니는 "○○야, 니 서류가 다 됐다. 나는 이제 갈란다. 잘 있그래이."하면서 떠났다고 한다.

어머니는 저승에서도 아들이 머무는 교도소를 떠돌고 계셨던 모양이다. '여자는 약하다. 그러나 어머니는 강하다'는 말처럼 한 여인으로서의 모습은 약하고 가련하게 보일지라도 어머니의 모습은 참으로 강하고 위대하다. 결국 한 어머니의 헌신적인 모성애는 사형수 아들을 살리고 새로운 인간으로 태어나게 하였다.

자식들에 있어 아버지가 의지의 표상이라면 어머니는 정서적인 표상이다. 어머니의 가슴에는 늘 자식을 위한 정성스러운 기도가 있다. 그러므로 어머니는 존재의 근거이고 마음의 고향이다. 그래서 '어버

이날' 이 생기기 전에는 '어머니의 날' 만을 정해서 자녀들이 온 정성을 다해 어머니의 하루를 즐겁게 해 드렸는지도 모른다.

가정이라는 보금자리의 중심이 되는 이가 어머니이다. 우리는 저마다 가슴에 사랑의 샘터를 파자. 그리고 어머니가 물려준 사랑의 나무를 우리 마음의 밭에 깊이 심어보자.

어버이 날을 앞두고 우리들의 모든 어머니에게 감사와 경의를 표합니다.

어머니 여러분! 사랑합니다. 고맙습니다.

당부

아무리 바빠사도
때는 꼭꼭 챙기묵거라

어머니의 신신당부
손을 잡고 놓지 않는데

지할 일
비민 알아 할라꼬
거드는 아버지 말씀

행운을 잡는 비결

러시아의 작가 메레제코프스키는 『신들의 부활』이라는 책에서 '인내와 노력 이 두 가지만 있으면 이 세상에서 못할 것이 없다.' 라고 하였다.

19세기 중엽 미국에서 골드러시가 일어났을 때의 일이다. 세계 각국의 사람들이 금을 캐러 미국으로 몰려왔다. 이 중에는 동양인 특히 중국인 노동자들이 많았다. 이들 가운데 차오라는 중년의 광산 노동자가 있었다. 그는 불교를 믿는 무척 성실하고 정직한 사람이었다. 중국에서 올 때 모시고 온 조그만 청동불상을 가슴에 품고 아침저녁으로 부처님께 경건하게 예불을 드렸다.

차오는 노동의 대가로 임금을 받는 노동자였지만 '노동' 자체를 무척 소중하게 생각하는 사람으로, 마치 금맥金脈이 발견되면 자기 것이라도 될 것처럼 열심히 일했다. 그러나 어찌된 일인지 차오가 일하는 금광에서는 좀처럼 금맥이 발견되지 않았다. 주인은 재정상태가 점점 악화되자 폐업을 선언했다. 같이 일하던 동료들은 뿔뿔이 흩어졌다.

하지만 차오는 떠날 수 없었다. 오직 금맥을 찾기 위해 두더지처럼 일하다가 맥없이 물러선다는 것이 억울했다.

그동안 모아두었던 돈으로 헐값에 폐광을 샀다. 혼자라도 끝장을 보아야겠다는 각오에서였다.

주인도 떠나고 동료들도 떠난 폐광의 입구는 거대한 괴물이 입을 벌리고 있는 듯했다.

그는 청동불상과 짐을 노동자 숙소에서 아예 폐광 속으로 옮기고 밤낮으로 일을 하기 시작했다. 폐광의 막장은 암반으로 가로 막혀 있었다. 차오는 동료들이 깨다 만 바위를 깨두기 시작하였다. 등 뒤로는 불안과 외로움이 산사태처럼 무너져 내렸지만 이를 악물고 오직 암반 깨기에만 열중했다.

암반을 깨 들어가기 시작한 지 한 달, 차오는 겨우 1미터를 전진했다. 그런데 차오 앞에는 실로 엄청난 일이 벌어졌다. 그렇게도 찾던 금맥이 나온 것이다. 차오는 상상도 못할 행운을 비로소 움켜 잡았다.

차오가 큰 갑부가 되었다는 소식이 전해지자 옛날 함께 일하던 동료들이 모여들었다.그들은 차오가 매일 아침, 저녁 부처님께 불공을 드린 덕분에 부자가 되었을 것이라고 말했다.

그러나 차오의 설명은 달랐다. "나는 부처님께 부자가 되게 해달라고 불공을 드리지 않았습니다. 다만 어려운 일이 있을 때마다 부처님께서 위대한 진리를 깨닫기 위해 6년 동안 참기 어려운 고행을 인내했던 사실을 생각했습니다. 부처님은 인내하고 노력하는 사람만이 목적한 바를 이룰 수 있다고 가르치셨으며 몸소 그것을 실천해 보였던 분이기 때문입니다."

돈 많은 광산주는 1미터를 더 파들어 가지 않았기 때문에 행운을 놓치고 말았으며, 반대로 차오는 남보다 더 많이 참고 노력했기 때문에 금맥을 찾아 낼 수 있었던 것이다.

이솝의 얘기를 보면 한 농부가 두 아들에게 다음과 같은 유언을 하였다. "내가 너희에게 남겨 줄 것이라고는 얼마 되지 않은 이 땅덩이뿐이다. 그런데 이 땅에 너희를 위해 보물을 파묻어 놓았으니 절대로 이 땅을 팔지 말라." 아버지가 돌아가시자 두 아들은 보물을 찾기 위해 밤·낮으로 땅을 파헤쳤다. 그러나 원하는 보물은 없었다. 하는 수없이 파헤친 땅에 곡식을 심었더니 가을에 훌륭한 풍작을 이루었다.

두 아들은 마침내 근면이 바로 아버지께서 남겨주신 인생의 보물임을 깨닫게 되었다. 이렇게 보면 행운이란 것도 결국은 열심히 일하는 사람에게 돌아가는 것임을 알 수 있다.

부처님은 제자들에게 "괴로움이나 즐거움은 신神이나 성현聖賢이 만드는 것이 아니다. 그렇다고 아무런 까닭 없이 생기는 것이 아니다. 모든 것은 스스로 지은 업業에 따라 생기는 것이다."고 하셨다.

행운은 아무런 까닭 없이 생기는 것이 아니다. 터무니없이 행운을 기다려서는 안 된다. 내 운명과 행운은 내가 스스로 만들어 나아가는 것이다. 행운은 받는 것이 아니라 내가 짓는 것. 끝까지 참으며 노력하는 사람만이 행운을 잡을 수 있는 것이다.

너는 네 자신에게 주어진 일에 최선을 다하고 있는가? 우리는 항상 이러한 물음을 자기 자신에게 던져야 한다. 그것이 진정 행운을 잡는 비결인 동시에 인간은 자기의 일에 몰두할 때 가장 믿음직스럽고 행복한 삶을 사는 역할적 존재이기 때문이다.

떳떳한 삶

최근 보도에 의하면 멀쩡한 이를 뽑아 병역을 면제받은 혐의로 유명연예인 M이 불구속 입건되었다. 이와 같이 현역입영대상자였다가 재검에서 치아가 없다는 이유로 병역을 감면받은 이가 지난 4년간 392명이라고 한다. 이들은 애초에는 치아에 아무런 문제가 없던 현역 입영 대상자였던 것으로 나타났다.

국가에 대한 최소한도의 의무자체를 기피하고자 하는 젊은이들의 타락한 모습을 접하면서 '사회지도층 자녀나 연예인에게는 그 신분만큼의 도덕적 의무가 따르고, 조국을 수호하는 일은 우리의 생존권을 얻는 일임을 잊지 말라' 는 당부를 하고 싶다.

영국 배우 로렌스 올리비에가 미국 헐리우드에서 한창 인기를 누리며 잘 나가던 무렵, 세계 제2차대전이 일어났고 영국도 참전을 하게 되었다. 영화사측에서는 돈을 잘 벌어주는 배우가 고맙고 예쁘기 마련이고 상품가치가 있는 동안은 붙들어 두고 싶게 마련이어서 "조국 영국이 참전을 했는데 내 나라로 가겠소."하는 올리비에를 달랬다.

"이거 보라고, 정히 그렇게 조국을 위해 싸우고 싶다면 우리가 자네 몫으로 전투기를 한 대 사서 영국에 주겠네. 그러면야 자네는 조국을 위해 누구보다도 힘을 보태준 것이 되지 않겠나?" 이때 올리비에의 대답은 단호했다.

"말씀은 고맙습니다만 소총을 들고라도 제가 직접 전선을 지키는 것이 아무래도 떳떳할 것 같습니다." 누구나 생명은 아까운 것이다. 그러나 '조국을 위해 내가 할 수 있는 최선의 길은 바로 이것이다' 라는 확고한 사명감으로 조국전선으로 달려간 로렌스 올리비에와 같은 수많은 영국인들의 정신무장이 결국 전쟁을 승리로 이끌었다.

6·25전쟁 당시 유엔군 사령관을 지낸 크라크 장군은 휴전직후 시카고의 한 여인으로부터 항의편지를 받았다. "당신 아들을 한국 전쟁 중 본국으로 귀환시킨 것은 배후에서 권력이 작용했느냐?"는 것이었다.

크라크의 아들은 단장의 능선에서 중상을 입고 특별무공훈장, 은성무공훈장 2개를 받고 귀환한 것이었다.

크라크는 답변했다. "한국전쟁에서 사망, 실종, 부상한 14만 2천명 중 장군이나 장군의 아들 사상자는 1백 42명이었으며 이중 35명이 사망이나 중상자였다."고 밝혔다. 그중에는 북한 폭격 중 미귀환한 8군 사령관 벤 플리트 장군 아들도 있었다. 우리의 지도자 정치인들도 크라크처럼 떳떳이 아들의 군력, 자신의 군력을 밝힐 수 있어야 한다

부산에서 활동하고 있는 文友 차정선 작가는 어느 잡지에서 「소시민의 아들들아」 제목의 수필에서 다음과 같이 이야기했다.

"잘난 분들의 아들들은 촌음을 아껴 공부하기에 바빠, 군대 갈 시간이 없다. 해외유학이니 각종 학위취득이 조국보다 더 중요한 그들은

학위가 바로 조국이며 나라는 서민들의 자식들이나 목숨을 걸고 지키는 것으로 충분히 생각한 것이다. 이 땅에 태어난 소시민의 아들들아 실망하거나 분개할 것 전혀 없다. 서민인 부모 탓에 병역의무에 충실한 것은 지극히 축복임을 알아야 한다.(중략)

소시민의 아들들아!

너희가 어디서 무엇을 하든 너희야말로 당당한 이 나라의 주인이며 이 나라는 바로 너희 때문에 존재함을 잊어선 안 된다.

그들에겐 불행하게도 조국이 없다. 대한민국은 결코 그들의 조국일 수가 없다. 그들은 학위와 힘을 끌어안고, 너희는 조국 대한민국을 끌어안고 그렇게 각자 살아가는 것이다."

朴 작가의 말처럼 사람이 한 세상 살아가면서 자기가 태어난 조국을 위해 젊음을 바칠 기회가 없다는 것은 부끄러운 일이 아닌가.

엘리트란 '선택된 사람' 이다. 영국의 산업혁명이나 프랑스 혁명, 미국의 독립 혁명을 거쳐 민주주의를 성취한 후에도 각국에 귀족이나 상류계급이 그대로 남아 있을 수 있었던 것은 그 귀한 신분Noblesse의 사람들이 민중 위에 군림하지 않고 한 치의 땅을 생명보다도 중히 여기며 신명을 바치는 사회적 의무Oblige를 앞장서 해왔기 때문이다.

국가에 대한 충성 중 유사시 목숨 바치는 병역의 의무만큼 확실하고 떳떳한 삶은 없다.

원숭이의 주먹

인도네시아의 한 섬에 사는 원주민들은 특이한 방법으로 원숭이를 잡는다고 한다.

원주민들은 그 섬에서 자라는 독특한 조롱박 모양의 호박을 키울 때 호박 중간에 띠를 묶어 놓는다. 그러면 호박은 성장을 하되 주둥이가 작고 몸뚱이가 큰 병 모양으로 자란다.

호박이 단단하게 자라게 되면 그 속을 파내고 그 안에 원숭이가 좋아하는 쌀, 콩, 밤 등 음식물을 넣어서 해가 질 무렵, 커다란 나무에 튼튼히 매달아 놓는다. 밤이 되자 뭔가 먹을 것을 찾아 헤매던 원숭이가 냄새를 맡고 찾아와, 호박 속에 손을 집어넣어 욕심껏 먹을 것을 거머쥔다.

입구가 작은 병 모양의 호박 속에 아무것도 쥐지 않는 상태에서는 쉽게 손을 넣을 수가 있었지만, 욕심껏 쌀, 콩, 밤 등 먹을 것을 쥔 손은 잘 빠져 나오지 않는다. 그럴 때 이놈은 저를 가둘 '우리'를 들고 사람이 다가서도 호박 속에 쥔 먹을 것이 아까워 잡혀갈 때까지 그 손을 펴지 않는다고 한다.

주먹에 든 먹을 것만 놓으면 손이 빠지고 손만 펴면 잡히지 않을 텐데도 말이다.

「원숭이의 주먹」 이야기는 공수래공수거의 인생을 의미하기도 하고 탐욕의 허무한 결과를 나타내 주기도 한다. 이것은 마치 우리 인생이 살아가는 모습과도 흡사하다.

인간은 어머니 뱃속에 태어날 때 이 세상 모든 것을 다 거머쥘 것처럼 두 주먹을 불끈 쥐고 나온다. 그리하여 이 세상을 살아가면서 조금 더 많은 것을 소유하려고 갖은 노력을 기울인다. 돈과 피나는 투쟁을 하면서 부富를 축적하려고 노력한다.

그러나 이 세상을 떠날 때 쌓아놓은 것은 다 내 것이 아니다. 손바닥 안에 쥐었다고 이 세상을 떠날 때 가져갈 수는 없는 것이다. 그대로 놓고 간다.

한때 우리나라 최대의 재벌인 S그룹의 이모 회장이 세상을 떠날 때 단 한 줌의 쌀, 미원 한 봉지, 돈 한 푼 가져갔다는 이야기 못 들었다. 사바나의 속담처럼 '수의에는 주머니가 없다'

결국 인간은 흙에서 나와 흙으로 돌아가면서 아무것도 가진 것이 없다는 것을 증명이라도 하려는 듯이 두 손을 곧게 펴고 떠나간다.

그런데도 우리는 물질적인 욕망, 부당한 지위나 명예만을 탐내어 여기에 집착하여 탐심과 욕망의 노예가 되어 인간으로서의 존엄성을 잃고 물질적인 차원으로 타락하게 되어 향락 및 쾌락주의에 젖어 버린다.

돈을 가지고 즐겁게 살면 된다는 인생관이지만, 육체는 늙어 병들며 향락에는 한계가 있기 때문에 오히려 더 심한 회의와 허무에 빠지는 결과가 된다.

고귀한 생애를 돈을 위해 바치며 육체의 만족만을 위해 살다가 죽는다면 그 무엇이 진정한 행복이며 값있는 인생이 되겠는가?

먹는 음식이 맛있다고 먹고 싶은 대로 마냥 먹기만 하면 누구나 병이 나게 마련이다. 먹을 것에 집착하다 보면 사람의 꼴이 추악해진다.

사회의 부정부패라는 것도 알고 보면 법의 테두리를 무시하고 많이 먹고 가지려다 걸린 부끄러운 현상인 것이다. 어느 선에서 멈출 줄 알고 줄일 줄 아는 절제가 있어야 한다.

호박 속의 콩을 쥐기 전의 원숭이도 원래 빈손이었다. 한 두어 걸음 물러서면 저를 가둘 덫이란 것을 알텐데도 가까이 다가서면 호박 속의 음식물 밖에 보이지 않는다. 우리가 쥐고 있는 한 움큼의 콩(원숭이의 주먹)은 과연 어떤 종류의 것일까?

손에 쥐어진 한 움큼의 콩, 만 가지 사상事象에 대한 집착을 버려야 하는데도 쉽지 않는 게 인간이다.

인간의 행복은 건강이나 돈, 사랑, 명예만으로는 결코 누릴 수 없다. 행복은 깊은 정신적 만족이다. 정직하게 살며 지나친 욕심을 버리고 분수를 알아 행하며 이웃과 사회를 위하여 따뜻한 인정을 나누면서 살아갈 때 우리 인간들은 진정한 행복을 누릴 수가 있을 것이다.

원숭이의 주먹을 나누는 사랑으로 승화시켜 나가도록 노력해야겠다.

축복의 열매

조개가 진주를 만드는 과정은 우리에게 의미 있는 교훈을 준다.

조개가 바다 밑을 이리저리 해류에 밀려 돌아다니다 어쩌다 자신의 입을 여는 과정에서 바다 밑 모래나 기타 이물질이 입안으로 들어온다. 그러면 조개는 모래 등의 이물질이 자기 몸 안에 있으면 따갑고 귀찮으니까 그것을 밖으로 내몰기 위해 자신의 몸을 이리저리 뒤적여 본다. 그러나 아무리 해도 모래 등의 이물질을 내보낼 수 없다. 그때 조개는 자기 몸 안에서 특수한 유액을 내뿜기 시작하여 그 이물질을 감싸기 시작한다. 이런 과정이 오래 되풀이되어 만들어진 것이 진주라 한다. 결국 조개의 입장에서 보면 진주란, 원치 않는 고통을 자기 안에서 승화시킨 결정체다.

간디는 말하기를 "고통은 인생의 한 원리로서 생명이 있는 곳에 고통이 있고, 고통이 있는 곳에 생명이 있다."고 했다.

어떤 사람들은 고난이나 역경이 휘몰아치면, 그 고난과 역경을 딛고 일어서서 더 야무지고 더 알찬 인생을 살아간다. 그러나 어떤 사람들은 고난과 환난 때문에 좌절하거나 낙심하기도 하고, 심한 경우에는 삶을 포기하는 경우도 있다.

우리가 원하든 원치 않든 간에 시련과 고통은 시간과 장소를 가리지 않고 찾아와 괴로움을 주지만 그러다가도 그 시련은 돌연 돌변하여 새로운 문명의 시작과 성장을 가져오고 주체 못할 아름다운 결실을 안겨 주기도 한다. 까닭에 인간의 문화는 고난을 통해서 성장하고 시련의 이야기는 문학사에 한 장르를 이루기도 하였다.

위대한 천재 헨델은 자신의 건강과 운명이 최악의 경우에 직면했고 빚에 시달리며 채권자와 감옥이 자기를 기다리는 삶속에서 '메시아Massia' 라는 대곡大曲을 완성했다.

명저名著「신곡新曲」을 쓴 단테는 그의 정치적인 반대 세력의 집권으로 프로렌스市에서 추방당하고 죽음에 이르는 생의 파탄破綻에서「신곡」을 냈다. 이「신곡」은 자신의 처절한 비극과 부서졌던 희망으로 하여금 그가 경험했던 지옥 같은 생의 심연에서 이루어진 사상적 표현이었다.

베토벤의 심포니 9번 '합창' 은 경쾌하고 밝고 장엄한 노래로 유명하다. 그러나 베토벤은 귀가 전혀 들리지 않고 눈도 전혀 볼 수 없는 그의 생애 마지막 때에 이 곡을 작곡했다.

우리나라 격언에 비온 뒤의 땅이 굳어진다고 한다. 고난을 잘 견디고 이기는 자에게는 반드시 영광이라는 선물이 주어진다. 고난 때문에 넘어지고 쓰러지는 게 아니라 고난의 파도를 역류해서 잘 올라가면 영광을 차지하게 된다.

비행기가 날아오르는데 큰 장애요소는 공기저항이라고 한다. 그래서 공기저항을 줄이려고 유선형으로 만든다. 그러나 비행기를 뜨게 하는 것도 공기저항이다. 공기가 없으면 날 수 없다.

고난 때문에 삶의 전진을 방해 받는 게 아니다. 고난으로 인해 오히려 영광의 길로 한층 가까이 가게 되는 것이다.

문제는 고난에 대처하는 자세이다. 세계 2차대전 때 크레이턴 메이브램 장군과 그 부하들은 모조리 포위를 당했다고 한다. 사방으로 포위되었으니 모두들 공포에 떨고 있었다. 두려움에 질려 있었다.

그때 메이브램 장군이 외쳤다.

"여러분 이 전쟁이 시작된 이래 처음으로 우리는 지금 사방으로 공격할 수 있는 절호의 기회에 놓여 있습니다." 사방 포위의 공포가 사방 공격의 환희가 된 것이다.

공포와 두려움이 용기로 바뀌었다. 바로 이것이다. 고난이 올 때 어떤 자세와 태도로 이것을 대하는가 하는 문제가 중요하다. 고난에 대해 겁부터 내고 두려워 떨기만 하면 실패자가 된다. 그러나 고난에 적극적으로 대처하는 용기가 있다면 승리와 영광이 있다.

교육자로 유명한 페스탈로치 선생은 "내 일생의 고난은 내 풍족한 생활이 가져온 것 보다 많은 가치를 가져왔다고 했더라면 결코 성숙되지 않았을 것을 내 안에 성숙하게 했다."고 했다.

이 세상에 존재하는 생물 중 고통 없이 생명을 지탱하지 않는 것은 존재하지 않는다. 고난을 통해 우리들이 인내한 삶의 고통의 찌꺼기가 그루터기가 되어서 꽃이 피게 될 때에 절망을 극복한 고통의 진정한 값어치가 빛나게 될 것이며 축복의 열매로 달려 있을 것이다.

세상을 보는 눈

인생이란 그렇게 행복한 것도 그렇게 불행한 것도 아니라고 한다. 이 말은 자기 마음먹기에 따라 행복할 수도 불행할 수도 있다는 뜻으로 해석할 수 있다.

가령 쌀통에 쌀이 절반쯤 있는 것을 보고 부정적인 생각을 하는 사람은 "아이구 절반이나 비어 있네."라고 말하지만 긍정적인 사고를 하는 사람은 "아이구 감사해라, 아직도 절반이나 남아 있구나."라고 말한다. 그리고 할 수 있다는 생각을 한다. 이와 같이 같은 사물을 보고도 보기에 따라 긍정도 부정도 될 수 있다. 이것은 단 한 가지, 생각의 차이다.

까분다는 약점은 명랑하다는 장점으로 만들 수 있고, 미련하다는 단점은 끈기 있고 성실하다는 장점으로 만들 수 있고, 구두쇠라는 약점은 근검절약이라는 장점으로 만들 수 있다.

수다스럽다는 약점은 감정이 풍부하다는 장점이 될 수 있고, 무슨 일을 할 때 시간을 질질 끌면 능력이 부족하다는 약점이 되지만 철저하다는 장점을 만들 수 있고, 시키지도 않는 일을 하면 너무 나선다고 하지만 그걸 솔선수범이라고 말하는 이도 있고, 자기의 견해를 강력하게 주장하면 옹고집이라고 눈총을 주는 사람도 있지만 초지일관이라고 성원을 보내는 이도 있다.

생각하기에 따라 이렇게 달라진다. 그렇다면 우리는 어느 편을 택해야 하는 것일까, 세상을 부정적으로 보는 편에 서야 하느냐, 아니면 긍정적으로 보는 편에 서야 하느냐가 문제다.

부정적인 생각을 가진 사람이 많으면 세상은 시끄럽다. 그들 눈에는 밝은 면이 아니라, 어두운 면이 많이 보이기 때문에 매사를 잘못으로 단정한다. 그래도 이 세상은 착한 사람이 절대 다수인데도 마치 나쁜 사람만 있는 세상처럼 되어 있다. 모두가 불신이다. 결국 이러한 현상은 어떤 잘못이건 '탓'을 잡아야 하고 더구나 그 탓은 나 때문이 아니라 모두 남에게 책임을 전가시키려는 그릇된 생각으로 세상을 시끄럽게 한다. 이제 우리 모두 부정적인 시각에서 벗어나 세상을 긍정의 눈으로 보는 긍정적 사고가 필요한 때이다.

오래 전 어느 책에서 읽은 저주에서 축복으로 돌린 일화 한토막이 너무나 가슴에 와 닿는다. 주인공의 고향은 지리산 자락에 싸인 남원 운봉. 6·25 직후 아직도 간간이 공비들의 시달림을 받고 있을 무렵, 서너 살 적의 그가 어느 날 밤, 이름 모를 병으로 고열에 시달리며 사경을 헤매게 된다. 날이 새자 어머니 등에 업혀 50리도 넘는 신작로를 따라 의원이 있는 남원 읍내로 가게 된다. 연재를 올라서자 마침 등 뒤에서 차가 달려온다. 조급한 생각에 길을 막아서는데 그 트럭에는 공비토벌 차 출동한 경비대원들이 완전군장으로 탑승하고 있었다.

그중 험상궂은 선임자가 잔뜩 찌푸린 얼굴로 내리더니, 사연도 묻지 않고 다짜고짜로,

"제기랄, 새벽부터 여편네가 재수 없게끔 길을 막아서다니."하고 불길한 말을 던진다.

전장에 나서는 그들에게 '재수 없는 일'은 무엇을 의미하는가 누군가 불안한 심리에서 '처치하라' 소리친다.

일촉즉발의 위기. 이때 젊은 병사가 "잠깐만요, 선임하사님"하고 부르며 황급히 내려선다. 그리고서 오늘 일진을 점쳐보겠다더니, 어머니를 향해 묻는 것이었다.

"등에 업힌 아이가 아들이요, 딸이요?"

"예, 아들입니다요."

"만세 됐습니다. 여인女이 아들子을 업으면 그게 무슨 글자가 됩니까?"

"좋을 호好가 되니 오늘 작전은 성공입니다."

결국 이들 모자는 그 트럭에 축복을 전하는 사령의 자격으로 편승하여 무사히 읍내까지 갈 수 있었단다. 아마 아이가 딸애였어도 그 병사는 저주를 축복으로 돌리는 기지를 발휘하였으리라 추측된다.

어머니로부터 그 얘기를 들은 P씨는 세상의 모든 일마다 좋을 호好자로 해석하려는 생활철학을 지니게 되었다고 한다.

공자님은 일찍이 "남의 잘못을 탓하는 마음으로 나의 잘못을 준엄하게 비판하고, 내 실책을 용납하는 마음으로 남의 실책을 너그러이 용서하라."고 말씀하였다.

이제 우리 모두가 마음의 색안경을 벗어야 할 때다. 사회를 정확히

보고 이 시대의 구성원으로서 이 사회에 책임을 다 해야 한다. 시대나 상황에만 책임을 전가시키지 말자. 무책임은 우리 모두의 손실이다.

세상의 모든 일마다 좋을 호好로 생각하는 긍정의 눈으로 이 세상을 보는 현명함이 있어야겠다.

지발 위원장이 뭐길래

이 세상에는 자기 입으로 말해놓고도 식언食言하는 사람들이 너무나 많은 것 같다. 무슨 말을 해놓고도 상사의 눈치에 따라 금방 자기가 한말도 오리발을 내밀면서 목소리가 달라진다.

프랑스가 전쟁이 한창이던 시절, 어느 날 이발소에 젊은이들이 모여 앉아 시국에 관한 이야기꽃을 피우게 되었다. 이날 이발소에 모였던 젊은이들도 나폴레옹을 욕하고 있었다. 언제나 어느 나라고 전쟁이 일어나면 젊은 남자들은 전쟁터로 나가게 마련이고 생활이 궁핍해지므로 거기서도 모두가 입을 모아 나폴레옹을 원망하게 되었다. 그 중에서도 이발사가 제일 흥분하여 소리치기를 "만일, 나폴레옹이 여기 있다면 내가 이 면도칼로 당장에 그 놈의 목을 베겠다."고 칼을 손에 들고 휘둘렀다.

그러다가 모두가 헤어져 돌아가고 어떤 손님 한 분이 들어왔다. 아직도 흥분이 완전히 가라앉지 않은 이발사의 넋두리에 그 손님은 "국운이 그래서 그렇지 어찌 전쟁을 나폴레옹 한 사람이 책임지겠느냐?"

고 대꾸를 한다. 그러자 이 이발사가 더욱 흥분하여 "아니요, 그 녀석이 여기 있다면 내가 이 칼로 당장에 그놈의 목을 베겠다."고 야단이었다.

이때 그 손님은 이발사에게 "여보게, 한 세기의 영웅 나폴레옹의 생명이 자네 손에 달렸네, 조심해서 면도하게."하고 한마디 던졌다.

이 말을 들은 이발사가 그때서야 그의 얼굴을 바라보니 그가 바로 나폴레옹이 아닌가? 이때부터 이발사는 숨이 막히고 손이 떨리기 시작했다.

그때 나폴레옹은 다시 한마디 기합을 넣었다. "떨지 말고 조심해서 면도하게." 이발사는 비지땀을 흘려가며 겨우 면도를 끝냈고 나폴레옹은 "잘 있어라."고 인사하고 이발소를 떠났다. 그 후 이 이발사는 제 친구들을 만나 "여보게, 이래 뵈도 내가 이 나라의 영웅 나폴레옹의 이발을 해 드린 어른일세."라고 뽐냈다.

뜬금없이 케케묵은 '나폴레옹과 이발사'의 이야기를 들먹인 것은 이 나라 고위 공직자들의 '자기부정'과 '정부의 눈치보기'가 너무나 닮았기 때문이다.

대통령 직속 지역발전위원회 홍○ 신임 위원장은 대구시와 경상북도가 공동으로 출연해 만든 대구.경북 연구원장으로 재직 시절 밀양 신공항만이 대구. 경북의 살길이라며 동남권 신공항의 밀양 유치를 위해 'TK 총궐기'를 주장하던 인물이다.

최근 이명박 대통령으로부터 대통령 직속 지역발전위원장 임명장을 받자 말이 바뀌 소신이 달라졌다.

청와대 출입기자단과 가진 공동인터뷰에서 동남권 신공항을 비롯 국제과학 비즈니스벨트, LH 등 지역갈등 현안에 대해 "지역이기주의로 '어거지'를 쓴다고 되는 게 아니다."라고 말해 '지역민 폄하'가 도를 넘고 있다.

'TK총궐기론'을 펼친 주인공이 대통령의 임명장에 감읍하였는지, 동남권 신공항 백지화와 관련, "지역 갈등이 생기는 것은(서로) 자기 지역만 해달라는 정치적 요구 때문."이라고 말을 바꾸어 결국 자신을 부정하고 나폴레옹과 이발사 이야기와 닮은꼴을 하고 있다.

지난 2월 영남일보와 인터뷰에서 세종시 논란과 관련 "국가는 국가의 논리가 있는 것이고, 또 지방은 지방의 논리가 있다."며 "지역의 지도자들은 지역 이익을 위해 목소리를 내는 것이 맞다."고 외치던 그 소신은 어디로 갔는가?

경제학 박사로 대학총장을 지내고 정부가 공인하는 어르신(65세)이 되신 나이에, 대통령 직속 지발위원장이 뭐길래 말을 바꾸고 소신을 접는지 같은 동년배의 한 사람으로 연민의 정을 느끼게 한다.

한때 서울대 총장을 지내고 MB 정부에서 국무총리를 지낸 정운찬 동반 성장위원회 위원장의 경우도 그러하다.

총리 임명 전에는 이명박 정부의 경제정책 전반에 관하여 부정적인 발언을 하였다. 특히 4대강 사업에 대해서는 가시적 성과만 집착한다는 발언을 하였다. 그러나 총리 지명 후에는 4대강 사업이 기후 변동 등으로 인한 물 부족과 홍수피해에 대비하는 동시에 수질 개선 등 강을 친환경적으로 정비하는 사업으로 필요성 있는 사업이라고 말하는 등 기존의 소신을 바꿔 논란을 야기하였다.

언제부터인가 우리사회에는 직언直言이 없고 직언을 하는 사람보다는 이 이발사와 같은 사람들이 주변에 많아진 것 같다.

고위 공직자의 덕목은 인간적인 양심과 소신 있는 복무자세이다. 굽힘 없는 신념으로 정正과 의義에 따라서 자신의 분명한 목소리를 내어야 한다. 시류에 따라 면종복배面從腹背하면서 처신하는 공직자는 일시적인 자리보존은 될지언정 국민들로부터 〈나폴레옹의 이발사〉로 기억되는 불명예를 얻게 될 것이다.

이 시대 정치인과 공직자는 소리 없이 지켜보고 있는 절대다수의 선량한 지성과 양심의 소리가 있음을 잊어서는 안 될 것이다.

직업의식

육군 장교로 전역한 뒤 공군 하사관으로 재 입대한 김모 중사가 화제다. 2003년 학사장교로 임관한 그는 6년 간 군 복무를 마치고 대위로 전역한 뒤 사회에 진출했지만 군인의 길을 결코 포기할 수 없어 공군 부사관의 문을 두드렸고 주위 사람들의 축하 속에 공군 중사에 임관하게 됐다.

우리 사회는 공직, 특히 군이나 관직에 있는 사람이 승진하는 경우만 있지 강등되는 법은 거의 없다. 그러나 외국의 경우는 이러한 사례가 허다하다.

초급장교 시절, 처칠 경의 전기를 읽고 유독 잊혀지지 않는 대목이 있었다. 대영제국의 해군대신을 지냈던 처칠 경이 1차 대전이 일어나자 육군에 입대를 지원, 육군 소령으로 임관하여 포탄이 빗발치는 최전선 참호 속에서 군 복무를 했다는 사실이다.

1970년 영국의 에드워드 히스 내각이 출범할 때 더글리스 흄 경이 외무장관으로 기용되었다. 흄 경은 보수당 정부의 총리를 지낸 원로 정치가로 히스 총리의 권유를 받아들여 전보다 하위직인 외무부장관이 되었다.

이웃 일본에도 1999년 오부치 내각의 대장상에 총리를 지낸 78세의 미와자와 기이치가 기용돼 화제가 된 적이 있다. 우리 같으면 전직 대통령이 장관직을 맡은 셈이다. 우리 한국인의 사고방식으로는 도저히 이해하기 힘든 일이다.

오늘날 세계의 경찰로 자처하는 미국 군대에는 우리 상식으로는 잘 납득되지 않는 특이한 제도가 있다. 장교로 근무하던 사람이 어느 날 신분이 바뀌어 부사관 계급장을 달고 나타나는 식의 '듀얼스테이터스(이중 지위)' 제도가 그것이다. 어제의 연대장(대령)이 전역 후 다시 상사로 재임용 되어 근무한다. 그렇다고 문제가 있어 강등당한 게 아니라 제때 진급을 못했기 때문이다. 계급정년에 걸린 노련한 인력을 재활용하고 베트남전 이후 징병에서 모병으로 바뀐 미군의 인력 충원을 위한 미국 특유의 실용적인 인사정책의 일환이다.

인도의 카스트 제도에 버금가는 반상班常 의식에 따른 위계질서를 강조해 왔던 우리 사회의 관습으로는 장교에서 부사관 으로 변신은 화제 거리가 되지만 그들은 태연하게 그 묘한 제도의 장점을 활용한다.

이른바 자진 강등(?)한 셈인데도 미군들은 어제까지의 상급자에게 예우와 존경을 보낸다고 한다.

그건 오직 한 가지. 그 사람이 지닌 풍부한 경험에 대한 존경이라 할 것이다. 또한 어제의 상급자가 옛 부하를 상관으로 모시고도 공사公私를 확연하게 구분하여 근무하는 직업적 자세가 생활화되어 있다.

그런데 우리의 관행은 이러한 인사에 대해 비판적이다. 김영삼 정부의 말기, 고건 총리 출범 시 내무부 장관이던 S씨는 취임 한 달 만에 경질됐다. 경질 이유는 "고건 총리가 내무부 시절 부하였기 때문에 선배로서 입장이 곤란하다."고 대통령에게 간청하여 이루어진 것이라고 한다.

한때 김영삼 정부에서 총리를 지낸 이홍구 씨가 주미대사로 갔을 때 사람들은 체통을 잃은 처사라고 나무라면서 흥분하기도 했다. 이것이 우리의 정서다. 한국을 잘 아는 어느 일본 작가는 '한국의 정치에서 날카로움과 체통이 병폐.' 라고 했다. 옳은 지적이며 좋은 충고이다.

해군대신을 지내고도 군 입대를 지원, 육군 소령으로 임관한 처칠 경. 우리나라의 대통령에 해당하는 내각책임제의 총리를 지내고도 체통(자리)보다는 나라를 생각하여 흔쾌히 장관직을 맡은 미야자와 前일본 총리와 대영제국의 흄 경의 인물됨과 국가관, 그리고 직업적인 자세가 부럽다.

또한 듀얼 스테이터스(이중지위) 제도를 시행하면서도 상하간의 위계질서를 유지하는데 걸림돌이 되지 않는 미군들의 근무 자세는 우리에게 많은 점을 시사한다.

계급 정년제를 시행하고 있는 우리의 경찰 조직이나 군에서도 듀얼 스테이터스 제도를 좋은 모델로 삼아 활용해 봄직도 하다.

전직보다 하위직으로 임무를 맡았다고 체통 운운하는 의식구조는 이제 과감히 개혁되어야 한다.

체통과 지위에 관계없이 어떤 위치에서든지 국가와 사회에 봉사하려는 마음자세가 올바른 가치관이며 참다운 직업의식이라고 생각한다. 나라 사랑 하는데 직책과 직위가 무슨 걸림돌이 될 수 있겠는가.

암癌의 의미

먹는 즐거움을 잃어버린다면 사는 즐거움도 잃어버릴 것이다. 키케로는 '먹기 위해 살아서는 안 된다' 고 꾸짖었지만 그것은 키케로 같은 철학자나 할 수 있는 말이다.

영국의 소설가 H.필딩은 '살기 위해 먹고, 먹기 위해 산다' 고 했다. 우리 같은 범인凡人은 오히려 이 말에 더 친근감이 간다.

한때 대통령을 지낸 분들과 정치하는 사람들이 심심하면 한번씩 하는 소리가 '마음을 비운다' 는 것이었다. 단식투쟁도 했다. 마음이든 위든 비운다는 것은 좋은 일이다. 그것은 정신적으로나 육체적으로 좋은 효과를 가져 온다고 한다.

사람이 이삼일 굶고 나면 몰골이 초라해지는 것은 물론 두통이 심해지고 속이 뒤틀려 구역질이 나며 가슴이 두근거리는 증상이 시작된다고 한다. 그러나 닷새나 엿새가 지나면 머리가 맑아지고 온몸이 나른해지는 기묘한 쾌감도 없지 않은 모양이다. 요즘 암 환자들이 부쩍 늘어나는 추세가 세계적으로 공통된다고 한다. 한자로 암癌이라는 글자를 살펴보면 세부분으로 구성되어 있는데 재미있는 현상을 알 수 있다.

병 질변疾안에 입 구口세 개가 있고 그 밑에 뫼 산山이 있다. 입은 먹는 것을 의미한다. 입이 세 개라는 것은 많이 먹는다는 상징적 의미다. 즉 암癌은 '먹고, 먹고 또 먹어서 산더미 같이 많이 먹어 생긴 병' 이라는 뜻이다.

실제 요즘 사망의 원인 중 가장 많은 것이 산더미처럼 마셔대는 술과 과로에서 오는 간암肝癌, 산더미처럼 먹어대는 음식과 불규칙적인 식사습관에 기인한 위암胃癌, 산더미처럼 피워대는 담배에서 오기 쉬운 폐암肺癌 등 임을 비춰 볼 때 일리가 있다고 생각된다.

거북이나 학처럼 장수하는 짐승들은 정량의 80%만 먹는다고 한다.

짐승들은 배가 고플 때 먹을 것을 양만큼만 먹거나 먹이를 잡는다고 한다. 야생동물들은 비만이 없다.

거기에 비하여 인간은 지나친 욕심 때문에 병을 얻는다. 특히 맛있는 음식이 푸짐한 뷔페식당에 가면 돈 아깝다고, 본전 생각난다고 평상시 보다 많이 먹고 소화제 신세를 지기도 하는 것이 인간이다.

어떤 연구에 의하면 우리나라 조선 왕조 임금 중에서 장수하신 분은 영조 밖에 없고 평균 수명이 40세 전후였다고 한다. 일국의 국왕이면 세상에 부족한 것이 없었을 것이다. 호의호식하며 불로장생에 좋다는 것은 다 먹고, 좋다는 것은 다 하면서도 왜 오래 살 수 없었을까?

첫째로, 좋은 음식, 보약, 음주 등의 과용은 결과적으로 간장을 비롯하여 순환기, 소화기 등 많은 장기에 나쁜 결과를 일으키기 마련이다. 소식小食이 장수의 비결이라는 말이 있듯이 과용과 과식은 병을 유발하기 쉽다.

둘째로, 임금은 사극에서 보듯이 수많은 여인들 속에 사는 생활이었나 보다. 산삼이나 녹용, 해구신 등 허다한 정력제를 입에 드리우고 있었을 테니 정력 소모를 지나치게 하기도 했을 것이다. 성적욕구를 유발하여 과도한 발산을 강요하게 되니 도를 넘기기 마련이다.

셋째는 운동부족이었을 것이다. 곤룡포를 입고 지엄하신 지존의 체통에 체력단련 운동도 힘들고 산책도 하기 번거로운 형편이 아니었겠는가. 그저 용상에 앉아 있는 시간이 많았을 것이다.

운동은 안 하면서 하루 종일 진상해 온 산해진미만 먹어대고 그 많은 후궁들과 한다는 것이 섹스뿐이니 오래 살 수가 없었을 것이다. 거기다가 한 국가를 통치하는데 그 노심초사勞心焦思를 말해서 무엇 하겠는가.

이런 많은 스트레스가 장수를 저해한 요소가 아니었나 생각된다. 이런 면에서 볼 때 식욕이든 성욕이든 재산, 명예, 권세욕이든, '욕慾' 자가 붙은 것은 다 자제할 수 있어야 오래 살고 인격자로 존경받게 되는 것 같다.

먹고 싶은 음식도, 마시고 싶은 술도, 피우고 싶은 담배도 참을 수 있어야 한다. 하고 싶은 욕구와 절제의 조화(?)를 생각해 보는 것이 바람직하다. 될 수 있는 대로 화내지 말고 편안한 마음가짐과 모든 것을 알맞게 미련이 남을 정도로 모자람이 현명한 일일 것이다.

'먹고, 먹고 또 먹어 산더미처럼 먹고' 암에 걸리는 것보다는 아쉽기는 하지만 약간 덜 먹고 운동량을 늘림으로써 건강하게 오래 사는 것도 개인적으로나 국가적으로 유익한 일이 될 것이다.

하나 둘 전해오는 친지들의 '예고 없는 초대장'을 접하면서 새삼스레 암癌이라는 글자의 의미를 음미해 본다.

오늘도 도둑질을?

어느 시인은「당신은 오늘도 도둑질을 할 겁니까?」의 詩에서 약속한 시간을 지키지 않아 남의 시간을 빼앗는 도둑질을 지적하고 있습니다.

당신 소유물 중에서
가장 중요한
두 가지 재산은 돈과 시간

돈을 훔치다가 붙잡히면
당신은 벌을 받습니다.

그러나 시간을 훔치면
벌을 받는 건 타인입니다.

약속시간이 아홉시이면
그곳에 아홉시에 가야지
아홉시 15분이 아닙니다.

그렇지 않으면
당신은 15분을
훔친 게 됩니다.

당신의 도둑질은
모두를 늦게 만듭니다.

유태인의 속담에도 '시간을 훔치지 말라' 는 말이 있다.

이 말은 유태 상법商法의 에티켓을 설명한 것으로 1분 1초라 할지라도 타인의 시간을 훔쳐서는 안 된다는 것을 경계하는 말이다. 즉 약속한 시간을 지키지 않아 남의 시간을 빼앗고 신용을 잃게 해서는 안 된다는 말이다.

'시간은 황금이다. Time is Money' 라는 사고방식에 철저한 유태인들은 시간을 뺏긴다는 것은 그들의 상품商品을 도둑맞은 것으로 생각할 만큼 시간은 황금 이상인 것으로 생각한다.

회사 사무원이 퇴근시간이 되면 나머지 10개 문자만 치면 서류가 완결되는 것을 알고 있지마는 그대로 일을 멈추고 귀가해 버릴 만큼 1일 8시간 근무시간을 그들은 항상 '1초에 얼마?' 로 계산하여 일하는 것이 생활화 되어 있다.

1957년 영국의 사회학자社會學者 파킨슨은 "현대 국가는 사회구조 고도화를 지탱하기 위해 행정의 팽창이 불가피 한 것이 아니라 일이 없어도 행정에 종사하는 인원은 늘어만 간다. 자유로운 시간이 1시간에서 2시간으로 늘면 어느 틈에 1시간에 하던 일을 2시간 동안에 늘려서 하고 만다. 그러므로 아무리 시간을 늘려줘도 항상 시간은 달리고 일

손은 언제나 모자란다는 느낌 속에 쌓여 있는 것이 인간의 습성이다." 고 했다. 〈파킨슨의 법칙〉

일손과 시간에 대한 함수관계는 실로 미묘한 것이어서 직장에 따라 다르긴 하지만 근무시간에 대한 개념이 우리나라 사람은 유독 희박하다고 한다. 아침 출근해서 정상업무에 들어서기까지 소위 '워밍업 타임' 이 독일은 5분, 일본은 15분, 한국 사람은 45분이라는 말이 있다. 그런데도 막상 일을 시작하면 매사에 급하다.

급한 기질이 과속운전을 하고 추월 경쟁을 하고 교통법규를 위반하게 된다. 또한 보행인은 무단횡단을 하고 신호를 위반하여 줄서기 질서까지도 제대로 지켜지지 못하고 있다.

우리나라가 사고 다발국事故 多發國이라는 불명예도 따지고 보면 운전기사와 보행인의 급한 기질이 원인으로 되어 있다. 이렇게도 일을 시작하면 급하기만 한 기질이 시간을 지키거나 적당히 배분해서 자투리 시간까지 활용活用하는 데는 미흡한 것 같다. 문제는 한정된 시간에 어떻게 능률적으로 모든 일을 할 수 있느냐 하는 점이다.

우리는 어떤 회의를 소집하거나 교육을 소집할 때, 시간의 소중함을 고려함이 없이 30분 정도 앞당겨 소집하고 또 예사로 시간을 어겨서 참석하는 것은 지양 되어야 할 것이다. 다른 것은 다 돈으로 환산하면서 시간만은 공짜인 것 같이 생각한다. 그러나 다른 것은 노력하면 다시 찾을 수 있지마는 이 시간만은 한번 지나가면 다시 찾을 수가 없다.

우리는 인생의 가장 소중한 재산財産인 시간을 극히 무관심 속에서 낭비하는 일이 없도록, 주어진 시간을 지키고, 아끼는 생활인生活人이 되자.

'오늘도 당신은 도둑질을 할 것입니까?' 이 말의 의미를 되새기며, 약속시간을 지키지 않아 남의 시간을 훔치고 있지 않은지 다시 한번 생각해 보아야겠다.

사람을 달라(Bring me man)

미국 콜로라도 스프링스에 위치한 미 공군사관학교 교정에는 "나에게 사람을 달라(Bring me man)"는 글귀를 새긴 대리석이 있다고 한다.

이 말 속에는 '사람다운 사람을 보내주면 여기에서 훌륭한 지식과 기술을 겸비케하여 세계와 우주와 하늘을 주름잡는 더 나은 책임 인간을 만들겠다'는 학교 측의 포부를 나타낸 글이다. 평범한 구절 속에 의미심장한 삶의 철학이 그 글귀를 읽는 사람의 마음속에 전해진다.

책임인간!

사람은 자기 책임을 절감했을 때, 곧 자기자리를 바로 지킬 줄 아는데서, 성인됨을 자각한다고 볼 수 있다. 그러므로 책임인간이란 "인간의 인격적인 의무수행"이라고 할 수 있다.

알렉산더 대왕이 어느 날 중죄수들을 수용한 노예선을 순시했다. 여기에 왕이 방문하게 되었을 때 죄수들은 이거야말로 일생에 한 번 뿐인 석방의 기회라고 생각하고 각자 자기의 결백을 호소했다. “폐하, 저는 억울합니다. 저는 아무 잘못이 없는 사람입니다. 이렇게 억울하게 처형당할 수 없습니다. 제 사정이야기를 들어주십시오, “죄수들은 너 나 할 것 없이 자기변명을 늘어놓았다. 그 중에 한 사람만이 아무말 없이 쇠사슬에 묶인 채 묵묵히 노를 젓고 있었다. 알렉산더 대왕이 그에게 다가서서 “왜 너는 아무말이 없느냐.” 하고 물었다. 그 죄수는 “폐하, 저는 참으로 죄인입니다. 제 잘못에 대해 깊이 뉘우치고 그 실수에 대한 책임을 져야하는 죄인입니다.” 라고 말했다.

진실로 자기의 죄를 인정하고 뉘우치는 그 죄수의 말에 크게 감동한 알렉산더 대왕은 다음과 같은 명령을 내렸다. “여기 있는 모든 사람은 다 자기가 죄가 없는 억울한 사람이거나, 자기가 잘했다는 의인들 뿐이다. 그런데 이 의인들 속에 자기가 죄인이라는 자가 같이 있느냐? 저 죄인을 의인들 속에서 속히 끌어내서 즉시 고향으로 돌아가게 하라.”

소인은 항상 책임을 남에게 돌리지만 책임있는 사람은 자기가 행한 행위에 대해 자신이 책임지는 용기있는 사람이다.

이런 책임적 인격자가 모인 직장이나 사회는 발전하고 인류의 이상은 실현된다. 기독교에서 말하는 ‘회개’, 천주교의 “내 탓이요.” 불교에서 ‘참회’라는 마음을 강조하는 것은 바로 자기 행위에 대한 물음에 책임있게 응답한다는 책임의 소중함을 일깨워주고 있는 것이다. 그러므로 철학자 칸트가 “인격의 척도는 책임능력에 있다”고 갈파한 것은 결코 우연이 아니다. 세상에 무책임한 것처럼 나쁜 일은 없다. 책임적 인간이 모여야만 책임사회를 이룩할 수 있다.

사람을 달라(Bring me man).

이 말의 뜻을 되새기며 나의 책임이 무엇이며 우리의 공동과제는 무엇이며 어떻게 사는 것이 사명에 충실하는 것인가를 깊이 명심하여 책임인간으로 살아가는 부끄럼 없는 삶을 살아가야겠다.

추억 자리에 서서

차달숙 수필집

4

갠지스 강의 창녀

5만 페소의 선물

어느 우편배달부가 편지를 배달하던 도중 하느님 앞으로 보내는 우편엽서를 읽게 되었다.

발신인은 고아 출신 현역사병으로 하느님께 용돈을 좀 보내달라는 애절한 사연이었다. 얼마나 어려우면 하느님 앞으로 송금을 간청하는 사연을 적어 보냈을까 생각한 인정 많은 우편배달부는 자기의 박봉을 털어 얼마간의 용돈을 하느님 이름으로 송금하였더니 또 다시 수취인 하느님 앞으로 다음과 같은 편지가 보내왔다.

"하느님! 보내주신 돈은 잘 받았습니다. 그러나 이 나라 공무원들을 모조리 도둑놈들이라 하느님께서 보내주신 돈 중 대부분 잘라먹고 조금밖에 전해주지 않았습니다. 앞으로 돈을 보내 주시려면 우체통을 통하지 말고 직접 주십시오."

이 말은 필리핀 유우머 중 일부를 소개한 것이다.

오죽이나 특권의식에 의한 부정부패와 불신풍조가 만연했으면 이와 같은 유머가 발생했을까 하는 생각이 든다.

그러나 필리핀은 제2차세계대전이후(1950년대) '라몬 막사이사이' 대통령시절은 부패와 부정을 척결하고 개발도상국의 선두그룹으로 부상되어 아시아의 조그마한 용龍의 칭호를 받는 모범적인 민주국가로 발돋움하던 때가 있었다.

그는 1957년 비행기 사고로 불의의 서거를 한 그날까지 필리핀의 모든 사회의 부패와 부정을 뿌리 뽑고 정의와 민주주의 건설에 큰 공헌을 하였다.

막사이사이가 그 짧은 생애에 위대한 업적을 남긴 것은 그의 탁월한 능력과 초인간적인 정열 때문이었다고 할 수 있으나 그의 양심 속에는 사리사욕을 배척하는 고귀한 정신이 깃들어 있었고 무엇보다도 정의를 실현하기 위하여 불의와 싸우겠다는 굳은 결의가 있었기 때문이다.

그가 대통령이 되기 전 국방장관으로 있을 때 이런 일화가 있다.

평소에 은혜를 입은 한 친구로부터 어떤 부탁을 받게 되었다.

필리핀의 남쪽 근해에 침몰된 일본군의 잠수함을 인양해서 외국에 팔면 상당한 이익을 얻을 수 있다는 것이며, 그 이익의 절반은 국고에 납부하겠다고 제안하는 것이었다.

이 친구가 제시한 계획서에는 이미 육군과 해군의 승인서가 첨부되어 있었다. 더구나 해군의 승인서에는 '이 잠수함은 사용불능일 뿐만 아니라 오히려 해군의 장애물이 됨으로 인양해야 함' 이라는 단서까지 붙어 있었다. 결국 국방장관인 막사이사이의 승인만 나면 만사는 잘 되도록 되어 있었다. 막사이사이 장관은 평소 친한 친구요, 또 은혜를 입은 바도 있고 해서 청탁을 들어주리라 마음먹고 가벼운 마음으로 서명하려고 했다.

이때 그 친구는 매우 기분이 좋아서 한다는 말이 "라몬! 태양은 나 혼자만을 위하여 지구에 빛을 던지고 있는 것이 아니네. 나 역시 자네의 가계 사정이 매우 곤란하다는 것을 잘 알고 있네. 이 사업이 성공하면 서명의 대가로 5만 페소의 선물을 자네에게 주겠네."

이 친구의 말은 아무런 타의 없는 감사요 우정의 표시였다. 그러나 이 말을 들은 막사이사이 장관은 서명하려던 손을 멈추고 다음과 같은 말을 하였다.

"우리들은 친구간이다. 지난날 자네가 나에게 베풀어준 후대에 대하여는 지금도 감사하고 있다. 나는 이 승인서에 서명하려고 했다. 왜냐하면 이것을 승인하는 것이 조금도 그릇된 일이 아니라고 생각했기 때문이다.

그러나 문제는 달라졌네. 자네가 그 잠수함을 인양하고 그 승인의 대가로 나에게 5만 페소의 선물을 주겠다고 한 것이 나로 하여금 승인을 불가능하게 하였네."

결국 이 친구는 잠수함 인양의 승인을 받지 못했고 그 계획은 막사이사이가 죽을 때까지 포기하지 않을 수 없었다.

이와 같이 불의와 타협하지 아니하고 욕심에 사로잡히지 않고 바른 양심과 정의감대로 행동한 필리핀의 막사이사이 대통령같이 청렴한 인물들이 정권을 담당했을 때 나라는 부강하고 국가의 기강이 문란하지 않았다.

"윗물이 맑아야 아랫물이 맑다." 예로부터 윗사람이 아랫사람을 다스릴 때 가장 중요한 것이 바로 솔선수범이다.

말보다 행동으로 보여줘야 한다. 우리 사회에 만연된 부정부패와 부조리를 근절시키고 신뢰받는 사회가 되려면 공직사회와 정치인의 부조리가 척결되어야 하고 청렴은 정권을 담당하는 정치인과 고위 공직자부터 솔선수범하여야 한다.

비명

나이 들어갈수록 늙어지고 초췌해지고
이웃을 떠나보내고 육친을 잃어버리고
왜 내겐 잃는 것만이 능사가 되느냐

누군들 늙지 않고 누군들 잃지 않으랴만
먼 곳으로 흘러가는 강물처럼 말이 없는데
왜 나만 폭포수같이 비명이 터지느냐

역할을 맡은 무대에서

사람은 누구나 직업을 가지고 있다. 직업은 사회에서 맡은 일의 분담이고 개인 생활의 근거이기도 하다. 그런데 많은 사람들이 자기 직업에 보람을 느끼지 못하고 있다.

옛날 우리나라에서는 남자의 할 일이란 오로지 과거에 합격해서 벼슬길에 나가서 입신양명하는 것이었다. 노동과 장사를 천하게 생각했었다.

그러나 생각해보면 오늘날 우리들이 하는 일치고 장사와 관계없는 일이란 있을 수가 없다. 글을 쓰는 사람은 글을 파는 장사요, 교수는 지식을 파는 장사요, 예술가는 작품을 파는 장사다. 노동 또한 그렇다. 글을 쓴다는 것도 노동이요, 강의를 하는 것도 노동이고 악기를 연주하거나 그림을 그리는 것도 노동이다. 이렇게 본다면 노동이란 결코 천한 것이 아니라 사람이 사람답게 사는 길이라 할 수 있다.

모든 노동이 이 사회에서 모두 필요한 것이라고 할 때, 모든 노동은 마찬가지로 다 중요하며, 거기에는 귀천의 구별이 있을 수 없다. 이는 우리 몸의 각 부분들이 어느 것 하나 버릴 것 없이 모두 소중한 것이나 마찬가지다. 사람뿐만 아니라 모든 미물, 심지어는 기계부품에 이르기까지 모두가 쓰임새가 있게 마련이다.

시계 수리점에서 부속품으로 쓰이기 위해서 대기 중이던 작은 나사 하나가 어느 날 주인의 핀셋에 집혀 화려한 세계에 나왔다.

작은 나사는 놀라서 주위를 두리번거리며 살펴보았다. 유리 뚜껑으로 된 상자 속에는 톱니바퀴나 태엽, 그 밖에 자기보다 커 보이는 시계 부속품들이 가득히 진열되어 있었다. 그리고 주위에는 여러 종류의 자명종시계와 괘종시계들이 걸려 있었다. 작은 나사는 주변을 둘러보면서 모두가 자기보다 크고 위대해 보였기 때문에 핀셋에 의해 집혀질 수밖에 없는 미소하고 보잘것없는 자신과 비교하면서 비관하고 있었다.

잠시 주인이 외출한 사이에 주인의 아들이 점포에 들어와서 수리대기중이던 '작은 나사'를 핀셋으로 집으려다가 그만 잘못하여 어두운 바닥 아래로 떨어지고 말았다.

밖에 나갔던 시계사가 들어와 수리대 위에 놓아두었던 나사를 찾았으나 없었다. 아버지는 아들의 이야기를 듣고 당황하였다.

"그 나사가 없으면 아무개 사장님의 시계를 수리할 수가 없으니 어떻게 해서든지 찾아야 된다."고 호령호령하였다.

수리대의 어두운 밑바닥에 떨어진 작은 나사는 시계수리공의 말을 듣고 가슴이 벅차올랐다. 자기와 같이 작고 보잘 것 없는 존재도 보기좋게 쓰일 때가 있다는 감격 때문이었다. 그때부터 '작은 나사'는 스스로를 미미하고 쓸모없는 존재라고 비하할 필요가 없다는 새로운 인식을 하게 되었다.

이 이야기는 시계의 작은 나사가 태엽이나 톱니바퀴의 큰 역할에 비해 자기 자신의 미미한 존재를 비관하였으나 시계사의 말을 듣고, 작은 나사도 중요한 사명을 담당하고 있다는 자각을 하게 되어 자신을 회복하고 행복해졌다는 것이다.

우리는 때로 큰일을 해야만 훌륭한 사람이라고 하는 생각 때문에 자신이 하고 있는 작은 일에는 별로 자부심과 긍지를 느끼지 못하는 경우가 많다. 그러나 진정한 사명자는 일의 크고 작음에 관계없이 자신이 하고 있는 현재의 일에 부끄럽거나 무가치하게 생각하지 않고 자부심과 긍지를 가지고 사는 사람들이다.

어느 철학자는 '인생은 자기가 각본을 쓰고 자기가 연출을 하는 자작자연自作自演의 연극' 이라고 했다.

우리는 영화나 연극을 볼 때마다 한 두 사람 연기를 잘하는 사람을 본다. 그들의 배역이 세상 사람들이 부러워하는 자리가 아니다. 그렇지 않은, 다시 말해 천해보이는 일을 맡은 배우의 연기가 돋보일 때가 더 많다.

배우란 어떤 배역을 맡았는가에 따라서 연기자로서의 성공이 결정되는 것이 아니라 그보다는 어떤 배역을 맡았던지 그 맡겨진 배역을 잘 해내는 배우가 훌륭한 배우라 할 수 있다. 군인은 군인의 역할을 잘 하고, 농부의 역할을 맡았으면 농부의 역할을 잘하고 택시기사의 역할을 맡았으면 택시기사의 역할을 잘해야 한다.

올바른 직업윤리에서 본다면 우리의 일터는 매우 신성한 곳이며 인간적인 성실과 책임을 쏟아 넣어야 할 곳이다.

"이 세상에는 비천한 직업이란 존재하지 않는다. 다만, 비천한 인간들이 있을 뿐이다." 링컨이 선언한 직업관을 음미해보자.

먹고살기 위해서 일시적으로 이용하는 곳이 되어서는 안 된다. 자신을 계발하고 실현할 수 있도록 가꾸고 헌신해야 할 삶의 현장이며, 역할을 맡은 무대이다. 역할의 무대에서 최선을 다하는 삶이 바로 우리의 인생을 명작으로 만들고 명서를 쓰고 명연기자가 되는 길이라고 생각한다.

내가 맡은 역할을 나만큼 잘하는 사람이 없다고 자부하는 사람이 많은 사회는 발전한다.

내가 가진 보배 구슬

불교 경전에 이런 이야기가 있다.

옛날에 어떤 가난한 사람이 어느 날 친구 집에서 술에 취하여 잠이 들었다. 친구는 바쁜 일로 집을 나서면서 엄청난 값이 나가는 보배구슬을 술 취한 친구의 속옷에 꿰매어 놓았다. 친구는 술이 깨자 일어나, 다른 고장으로 떠났다. 그러던 중 하루는 다시 옛 친구를 만나게 되었다.

"이 친구야, 어찌 이런 꼴이 되어 있는가. 내가 지난번 귀중한 보물을 자네 옷 속에 꿰매어 두었는데 지금도 바로 거기에 있지 않은가? 자네는 그것도 모르고 가난하게 살다니 어리석기 짝이 없구먼. 자네, 그 보물을 소원대로 쓰게. 오래도록 마음껏 써도 부족하지는 않을 것이네……."

여기서 부자 친구는 부처님이고 가난한 친구는 중생을 의미한다. 중생은 무가보주無價寶珠가 자기 내면에 있음을 깨닫지 못하고 하루하루 밥벌이에 허둥거리고 있는 가난한 친구와 같은 삶을 살아가고 있다.

우리는 내면에 무한의 보물이 있음을 굳게 믿고 이 무한의 보물을 자기 자신이 찾아 쓸 줄 알아야 한다.

미국 시카고市에서 일어난 실화다. 하루는 보석 연마가게에 허름한 옷차림의 노동자가 찾아왔다. 그는 노동을 하면서 근근히 살아가는 사람이었다. 가방에서 붉은 색깔의 돌을 하나 꺼내더니 "이것 좀 잘 깎아서 광을 내주시기 바랍니다."하고 주문했다.

돌을 감정하던 가게 주인은 그 돌을 보고 깜짝 놀라 돌의 출처를 물었다. "이 돌은 우리 아버지가 지금부터 약 50년 전에 헝가리에서 살 때 주운 돌입니다. 아버지께서는 이 돌이 퍽 아름답다고 생각하셨지요. 내가 미국에 와서 보니 이 돌이 짐 속에 있었습니다. 그동안 이 돌은 우리 집 여기저기를 굴러다니다가 아이들이 가지고 놀기도 하고, 막내아들 녀석은 이 돌을 가지고 놀다가 치아를 다쳤지요. 잘 좀 깎아서 광을 내주십시오."

이 말을 들으면서 기가 막혔던 보석가게 주인은 그 노동자에게 말해주었다. "손님, 이 돌은 엄청나게 값이 나가는 아주 고귀한 루비Ruby라는 보석입니다." 이런 연유로 잘 연마되고 가공된 그 붉은 돌덩이가 바로 미국에서 가장 큰 23.9캐럿의 보석으로, 세계에서 가장 이름난 최고 품질의 루비이다.

이 노동자가 엄청난 보배를 소유하고도 가난하게 살았던 것을 생각하면 참으로 안타까운 일이 아닐 수 없다. 그러나 조물주는 우리 인간에게 이 보석보다 더 엄청난 선물을 주셨다. 그것은 다름 아닌 '천분天分과 재능'이라는 보물이다. 그런데 우리는 이것을 잘 알지 못하고 있다.

저마다의 얼굴과 목소리가 다르듯이 각자가 타고난 천분과 재능 역시 다 다르다. 운동이나 음악, 미술에 재능이 있는 사람이 있는가 하면,

어학이나 수학, 웅변에 특출한 재능을 가진 사람, 이재理財에 밝은 사람 등 이렇듯 천분과 재능은 각각 다른 것이다.

이 세상에는 위대한 인물이나 천재들이 많다. 대부분의 사람들이 그런 인물들에게는 초인적인 힘이 천부적으로 주어졌을 것이라고 생각한다. 그러나 재능이라는 것은 반드시 특정한 사람에게 주어지는 생득적 자질뿐만 아니라 오히려 높은 이상을 조직적으로 추구하는 데서 생기는 자생적 능력이다. 즉, 자기의 천분과 재능을 알고 꾸준히 키우면 누구나 타의 추종을 불허하는 제 일인자가 될 수 있다.

대발명가 에디슨은 여러 가지 학과의 성적이 부족하다는 이유로 퇴학을 당했다. 에디슨 뿐 아니라 학교시절에 뛰어난 성적을 받지 못한 사람이 사회에 나와서 뛰어난 능력을 발휘하는 사례가 많았던 것은 이러한 이유 때문이었다.

신神은 결코 어떠한 사람도 '저능아'로 만들지 않았다. 모든 인간을 다재다능하게 만드시지는 않았지만 뭔가 한두 가지의 잠재능력을 주신 것이다. 그래서 우리에게는 남이 가지고 있지 않은 개성과 특성이 있다. 그것을 발견하고 계발하고 발전시켜야 한다. 자신의 능력을 알고 그 능력에 맞게 실력을 발휘하고 있는 사람은 훌륭한 길을 가고 있는 것이다.

구슬도 닦아야 빛이 난다. 우리는 자기의 재능과 소질을 쉬지 않고 부지런히 절차탁마해야 한다.

보석연마공이 보석을 다듬듯이 내가 가진 보배 구슬을 갈고 닦고 잘 연마한다면 본래 갖춘 무한의 가치를 발현하여 아름다운 삶이 되지 않겠는가?

어떤 부류입니까?

우리 민족의 위대한 선각자 도산 안창호 선생은 이렇게 말한다.

"성실 하여라 Be Sincere."

"큰일이건 작은 일이건 네가 하는 일을 정성껏 하여라."

성실은 인간의 정신적 가치 중에 가장 중요한 도덕의 근간이다.

이 세상에는 삶을 껍데기로 살아가는 사람이 있고 알차고 단단하게 살아가는 사람이 있다. 즉 얼마만큼 진지하게 사느냐에 따라 삶의 내용은 달라진다.

세계적인 문필가로 유명한 버나드 쇼는 청년 시절에 방탕한 생활을 했다. 술과 도박이 그의 유일한 친구였다. 그러다가 "이래서는 안 되지, 인생을 이렇게 헛되어 보낼 수 없지 않은가. 뭔가를 해야겠어." 그때부터 그는 매일 원고지 5매씩 글을 쓰기로 목표를 세웠다. 아무리 하루가 고달프고 힘들지라도 글 쓰는 동안만은 차분한 자세로 돌아올 수 있었다.

그리고 쌓여가는 원고뭉치에서 삶의 희열을 느끼기 시작했다. 이렇게 해서 5년 동안 꾸준하게 쓴 글이 후에 버나드 쇼를 있게 한 결정적인 요인이 된 것은 물론이다.

최후의 순간까지 적당히 그럭저럭 얼렁뚱땅 살지 않았다고 자신 있게 이야기 할 수 있는 삶은 정말 위대한 삶인 것이다.

연세대 김형석金亨錫 명예교수는 교수들에 대해 이렇게 쓴 적이 있다.

어떤 교수들은 많지도 않은 봉급인데 봉급에 알맞게 일하면 된다고 생각한다. 가족들과 시간도 충분히 갖고 취미 활동에도 여가를 잘 이용하고 누가 보든 적절하게 일하며 행복하게 사는 길을 택한다.

또한 부류의 교수들은 같은 수입에도 교수다운 책임을 다한다.

학문에 열중하고 교수직에 성의 있게 근무하는 이들은 먼저의 교수들과는 비교가 안 될 정도로 맡은 일에 정열을 쏟는다.

그리고 또 한 부류의 교수는 숫자는 적지만 거의 밤잠을 자지 않고 연구에 몰두한다. 같은 봉급을 받으면서 저렇게 애쓸 필요가 있는가 할 정도로 애를 쓰는 모습이어서 돈과 수입만을 따진다면 어리석게도 느껴진다는 것이다.

그런데 편하게 지낸 처음 부류의 교수들은 나이 50이 넘으면서 행복이 끝나기 시작한다. 후배 교수들이 앞서기 시작하며, 대학원 학생들은 강의 내용을 비판하기 시작하고, 본인도 초조해 하고 불안한 교수 생활로 빠져들게 된다. 심지어는 휴강 시간을 기다리게 되고 정년 때까지 남아 있기만 하면 좋겠다는 자기 평가를 내리게 된다.

두 번째 교수의 부류는 정년 때까지 별일 없이 지낼 수 있고 학교를 떠날 땐 아쉬움과 감사의 뜻을 함께 해준다.

그리고 세 번째 부류에 해당하는 교수들은 세월이 흐를수록, 저렇게 고생스럽게 자기를 희생시켜가며 일할 필요가 무엇일까 하던 다른 교수들도 점점 존경하게 되고 정년 이후에도 사회적으로 존경을 받으며 노년기의 행복과 영광을 누린다는 것이다.

사람은 먹는 것 노는 것만으로는 만족할 수 없다.

또한 성적性的 욕구를 충족하는 것으로 만족할 수 있는 존재가 아니다. 그러한 것들은 인간의 목적일 수 없다. 오히려 인간의 값어치를 떨어뜨리는 요인이 될 수도 있고 충족한 후에 오는 허탈감을 막을 수 없음을 우리는 잘 알고 있다.

인간은 가치의 세계를 추구하며 창조적인 삶을 살고자 하는 특수한 욕구를 가지고 있기 때문이다. 남자는 일에 살고 여자는 애정에 산다는 말이 있다. 남자의 남男자는 한문글자 그대로 풀이한다면 남자는 밭에서 일한다는 것이다.

'부리스톨' 은 그의 저서『신념의 마력』,이란 책에서 "만일 행복하고 싶거든 바쁘게 일을 하거나 무엇이든 마음을 빼앗길 만한 일에 몰두하는 수밖에 없다." 라고 말하였다.

사실 남자는 자기의 개성과 능력을 마음껏 발휘할 수 있는 일을 찾을 때 생의 의의와 보람을 느낄 수가 있다.

인간은 누구나 자기가 하는 일에 깊은 애정과 사명감을 가질 때 자발적이고 의무적이며 용감해지고 어떤 역경도 이길 수 있다.

서양의 어느 철학자는 "현대인의 최대의 정신적인 범죄는 자기 자신에 대해서 불성실 한 것이다."라고 했다. 음미해 볼 말이다.

나 자신에게 물어보며 옷깃을 여민다. "당신은 어떤 부류입니까?"

뜻을 이루기까지

'인류에게 위대한 광채를 보태준 사람이 존재했었다는 것을 생명이 있는 자들은 기뻐하라' 이 말은 인류사에 커다란 족적을 남긴 영국의 물리학자이며 수학자로 유명한 아이작 뉴턴의 묘비명에 새겨진 마지막 구절이다. 그는 이 말에 가장 어울리는 일생을 산 사람으로 평가받고 있다. '만유인력은 어떻게 알아냈느냐?' 는 질문에 '내내 그 생각만 했으니까?' 라고 대답한 것처럼 뉴턴은 흔히 생각하듯 번뜩이는 천재성을 발휘하기보다는 항상 노력하고 탐구하는 평범하고 성실한 학자였다.

뉴턴의 일생에서 다음과 같은 일화가 있다.

뉴턴이 새로 이사한 이웃집에는 젊은 미망인 한 명이 살고 있었는데 이 여인은 한가한 낮 시간이면 언제나 이층 창문을 열고 뉴턴의 집 뜰을 내려다보곤 했다.

날씨가 좋은 날이면 백발이 된 뉴턴이 뒤뜰에 나와 앉아 가늘고 긴 갈대관을 가지고 비눗방울을 불며 실험을 거듭하곤 하였다.

이 광경이 젊은 부인에게는 웃음거리로 밖에 보이지 않았다. 매일 창문 밖으로 뉴턴이 비눗방울을 날리는 것을 보고는 혼자 웃기도 하고 동네 여인들을 불러다가 구경을 시키며 정신없는 노인이 망령을 부린다고 모여 앉아 조롱하기도 했다.

그러던 어느 날 런던에 살고 있는 학사원 회원 한 사람이 찾아오게 되었다. 이 여인은 친구인 그에게도 옆집에 새로 이사 온 정신 나간 노인의 이야기를 했다.

매일 아침 해가 떠오를 때가 되면 뒤뜰에 나와 비눗방울을 날리며 즐거워하는 노인을 바라보고 있노라면 우습고 재미가 있으면서도 불쌍한 생각이 들기도 한다고 했다. 그리고는 "지금이 바로 그 시간인데 한 번 구경하세요?"하고는 창문을 열었다.

친구인 학사원 회원은 호기심에 창문으로 다가가 무심코 비눗방울을 날리고 있는 노인을 바라보다가 깜짝 놀라며 말했다.

'저분은 뉴턴이라는 유명한 학자입니다. 그는 지금 광선반사의 이론을 연구하기 위하여 일부러 이곳에 와 있는 분입니다.' 라고 알려주고 그를 조소해서는 안 된다고 깨우쳐 주었다.

어느 한 분야의 대가가 된다든지 바라고 원하는 목표를 이루는 성공자가 되기까지는 가끔 이런 조소를 받을 수가 있는데, 큰 꿈을 가진 사람은 이런 조소 따위에 기가 죽을 필요가 없는 것이다.

인류 역사를 따져 볼 때 보통사람들보다 좀 더 특별한 이상과 꿈을 가졌던 사람들은 항상 기인 취급을 당했음을 기억할 필요가 있다.

위대한 꿈을 이루려면 온갖 고난과 조소를 견디고 이겨 낼 용기를 가져야 한다. 아무리 고달프고 때로는 억울한 일을 만나고 자존심 상하는 경우를 만난다 해도 영광스러운 내일을 위해 묵묵히 참고 인내하면서 꿈을 키워 나간다면 언젠가는 승리의 삶이 다가오게 되는 것이다. 누가 옳은 판단을 했는가는 그때 가서 확연히 드러나게 되는 것이다.

미국의 루터 버뱅크라는 사람은 목장을 가지고 있었는데, 사막에 널려 있는 선인장을 보고 그것을 가축에게 먹일 수 있는 것으로 개발하기 위해 16년간의 세월을 투자했다. 그동안 그의 손으로 뽑아낸 선인장의 가시가 백만 개에 달했고, 그의 손은 무수히 찔렸으며, 사람들은 시간을 허비한다고 비웃음을 쳤다. 그러나 결국 그는 가축에게 먹일 수 있는 선인장을 개발한 것이다.

이와 같이 뉴턴이나 버뱅크는 눈앞의 작은 비난이나 손가락질에 연연하지 않고 원대한 꿈을 이루기 위하여 고난의 과정에서 좋은 인생의 훈련을 받았고, 인내를 키웠으며 결국 꿈을 이루었다.

역사를 통해 인류의 발전은 '할 수 있다' 는 생각을 가진 사람들이 성취해 놓은 것이다. 소극주의자들은 '보여주면 믿겠다' 라고 말하지만 적극적인 사람들은 '먼저 믿으면 보인다' 라고 말한다.

인간은 그가 어떠한 꿈과 희망을 지니고 사는가에 따라서 그의 운명이 결정되고 인류의 발전을 가져왔다. 인생은 자아실현의 성실한 노력의 일터다. 산다고 하는 것은 매일 매일 자기 생명을 아름답게 조각해 나가는 일이다.

남이 비웃는다고 해서 혹은 나를 비난한다고 해서 낙심할 필요가 없다. 내가 하는 일을 비웃고 비난해도 꼭 해야 할 일이요, 선한 일이라면 결코 낙심 할 것이 없는 것이다.

맹자는 "스스로 돌이켜 보고 옳다고 믿으면 천만인이 반대한다고 할지라도 나는 나의 길을 가겠다."고 하였다.

남이 뭐라고 하든 자신의 판단이 옳다고 인정되는 일이라면, 또한 객관적으로 볼 때 그 판단이 그릇된 판단이 아니라는 뚜렷한 확신이 있다면 천만인이 조소하여도 나의 길을 늠름하게 가는 전력투구하는 삶을 살아가야 할 것이다.

-뜻이 있는 곳에는 반드시 길이 있습니다.-

살맛 나는 사회

옛날 러시아의 니콜라이 황제가 어느 날 백성들의 형편을 살피기 위해 평민복으로 변장하여 민정 시찰을 하던 중 어느 두 갈래길 앞에서 젊은 군인 한 명을 만나서 길을 물었다.

젊은 군인은 황제인 줄을 모르고 거만한 자세로 반말투로 대하는지라 황제가 어처구니가 없다는 듯이 "당신의 계급은 어떻게 되는지요?"라고 물었더니 이 군인은 신바람이 나서 배를 내어밀면서 "자네가 한번 맞춰보겠나."

황제는 겸손하게 군인을 향하여 "상사이신가요?"

"아니 그보다 윌세."

"그러면 소위입니까?"

"아니야, 그보다 더 위야."

"그럼 중위입니까?"

"아니 그보다 윌세."

"그럼, 대위님이시군요?" 그때야 군인은, 자랑스럽게 웃으며

"그래, 내가 대위야?" 하면서 또 한 번 배를 내밀었다.

"네 그러세요."하면서 황제가 가던 길을 가려하자, 이번에는 대위가 황제에게 "그럼 자네도 무슨 군급軍級이 있는가?"하고 물었다.

니콜라이 황제는 "네, 대위님이 내 계급을 한번 맞춰 보세요."

군인은 "일등병인가?"

"아닙니다. 그보다 높습니다."

"그럼 하사인가?"

"아닙니다. 그보다 더 높습니다."

"그럼, 중위인가?"

"그보다 더 높습니다."

"그럼 대위인가?"

"그보다 조금 높습니다."

이때 군인은, 피우던 담배를 끄고 거수경례를 한 다음에

"그러면 소령이십니까?"

"아니요. 그보다 훨씬 더 높습니다."

군인은 부들부들 떨면서 "그럼, 준장이십니까?"

"아닙니다. 그보다 몇 단계 더 높습니다." 군인은 안절부절하기 시작했다.

"그럼, 원수이십니까?"

"아니 그보다 더 높습니다."

군인은 원수보다 더 높은 분은 러시아에서 니콜라이 황제밖에 없음을 알고 "황제폐하, 죽을죄를 지었습니다. 이 죄인을 용서하여 주십시오." 하고 무릎을 꿇었다.

황제는 이 군인의 등을 두드리며 "일어나거라." "너나 나나 다 한가지야! 우리 위엔 하나님이 항시 보고 계셔, 친절하고 겸손한 사람이 되시게."라고 충고하였다.

일찍이 강태공이 말하기를 "자기를 귀하게 함으로써 남을 천하게 하지 말고 자기를 크다고 해서 남의 작은 것을 업신여기지 말고 용맹을 믿고서 적을 가벼이 여기지 말라."고 했다.

사람들은 흔히 자신이 갖고 있는 얼마간의 돈이나 권력, 지식이나 명예 등을 내세워 턱없이 남의 우위에 서려 하거나 교만해지는 마음을 갖기 쉽다. 그러므로 겸손을 인간의 미덕美德이라고 한다.

모든 사람이 밝은 얼굴과 겸손하고 친절한 사람을 좋아한다. 만인의 벗이 되는 길은 대인관계에서 겸허한 태도와 친절처럼 좋은 것이 없다.

미국의 유명한 작가 마크트 웨인은 "친절은 장님도 볼 수 있고 귀머거리도 들을 수 있는 언어다."라고 말하였다. 참으로 인생의 명언이다.

분수를 알자. 그리고 교만하지 말자. 교만은 패망의 원인이요 겸손은 성공의 첩경이다. 겸허하고 친절하고 감사하는 마음은 행복의 문을 여는 열쇠요 평화의 문을 여는 열쇠임을 기억하자.

그리고 남이 나에게 친절을 베풀었을 때, 내가 남의 도움을 받았을 때 "고맙습니다."하는 감사의 의사를 표시해야 하며 아무리 적은 은혜라고 하더라도 우리는 은혜에 대하여 고마워하는 마음을 가져야 한다.

또한 남을 도우려는 마음을 가지자. 나에게 길을 묻는 사람에게 무거운 짐을 들고 가는 사람에게 도움을 줄 때 그것을 받은 사람에게는 큰 기쁨이 되고 힘이 된다.

주는 마음은 너그러운 맘이다. 인생은 어차피 주고받는 것. 주는 생활은 훌륭한 삶이다.

낯선 사람이 길을 물을 때 퉁명스런 대답이 남을 우울하게 하고 불친절하게 받은 전화 한 통이 한 사람의 용기를 꺾지 않도록, 또한 무심히 내뱉은 한 마디가 남의 가슴에 상처를 주지 않도록 조심하며 살아가야겠다. 이런 일들이 우리 사회의 상식이 된다면 얼마나 아름답고 살맛나는 사회일까.

희망과 낙심

덴마크의 철학자 쇠렌 키에르케고르는 "절망은 죽음에 이르는 병"이라고 말하면서 극한 상황에서의 인간의 두려움 불안 공포 이 모든 것들이 인간을 죽음으로 몰아가는 커다란 질병임을 지적하고 있다.

"낙심은 정신세계의 지옥이다."라는 말이 있다. 즉 절망과 염려 속에 사는 사람은 죽기 전에 이 땅에서 벌써 지옥의 생활을 하고 있다는 뜻이다.

어떤 사람이 기차의 냉동칸에 들어갔다가 갑자기 문이 닫히는 바람에 겁이 나서 어쩔 줄 몰라 몹시 당황했다. 있는 힘을 다해 문을 열어보았으나 아무 소용이 없었다. 그는 낙심하여 "이런 상황 하에서 살아남을 사람은 한 사람도 없을 것이다. 나는 이제 죽었다."고 생각하며 한 구석에 앉아 그의 마지막 생각을 쓰기 시작했다.

"나의 몸은 점점 차가워지기 시작한다. 나는 더 이상 견딜 수가 없다. 죽음이 다가오고 있다. 이제는 그 죽음의 그림자가 나를 덮기 시작했다. 이 글이 나의 마지막 글이 될 것이다." 사람들이 그를 발견했을 때 그 사람은 이미 죽어 있었다. 그러나 놀라운 사실은 그 냉동차는 한 달 가까이 작동해 본 적이 없었고 지금도 작동하지 않고 있었다는 것이다. 그리고 더 놀라운 사실은 냉동칸에 최저 온도가 18℃로 사람이 적응하기에 알맞은 온도였다.

그는 배가 고파서 죽은 것이 아니요. 질식해서 죽은 것도 아니었다. 공포와 두려움으로 인해 죽었다. 절망과 두려움이 그를 더 이상 살아남지 못하게 했다. 냉동차에서 얼어 죽어가고 있는 자신의 모습을 상상하여 그 때문에 온몸이 기능을 상실하여 죽었던 것이다.

비인 의과대학의 교수이며 정신의학 및 심리학자인 빅트로 플랭클은 제2차세계대전 중에 나치의 아우슈비츠 포로수용소에서 장기간 포로생활을 하면서 그가 체험한 사실을 통해서 로고테라피Logotheraphy라는 심리 이론을 만들어냈다.

그는『인간이란 무엇인가? Man's Seanch For Meaning』라는 책에서 심리이론의 배경과 포로수용소 생활에 대해서 다음과 같이 잘 묘사하고 있다. 1944년 크리스마스까지는 나치스가 패배하고 수용소의 유태인은 해방될 것이라는 희망적인 말이 떠돌았었다. 한데 크리스마스가 지나도 나치스가 패망할 징후가 보이지 않자 크리스마스 이전에는 한 사람도 죽지 않던 수용된 유태인들이 희망을 잃고 절망감에 빠지게 되어 하루에 수백 명씩 죽어 나갔다.

많은 포로들 가운데는 그야말로 낙심해서 삶의 의미를 상실해 버려 서슴없이 자살할 뿐만 아니라, 또 그럴 용기가 없는 사람 가운데는 이미 자포자기함으로써 결국 살아가는 것이 아니라 죽어가는 것이었다. 그러나 빅토르 플랭클은 생각을 달리했다. 아무리 보아도 조금의 소망을 가질 수 없는 상황에서도 그는 삶의 의미와 소망을 찾았던 것이었다.

이를테면 한 겨울에 찬물의 목욕은 참으로 힘들고 어려우며 불평이 나올 수밖에 없는 일이었다. 그러나 그는 그것을 오히려 긍정적으로 자신의 극기력을 시험하는 계기로 삼고 힘든 노동은 일부러 운동할 수 없는 포로수용소에서 좋은 운동이라고 생각하며 모든 것을 긍정적으로 생각하고 적극적으로 대처해 나갈 뿐 아니라, 어떻게 해서든지 꼭 살아서 사랑하는 아내와 자식을 만나야 된다는 강한 삶의 의지와 의미를 잃지 않았다.

빅토르 플랭클은 자신의 경험을 바탕으로 '의미요법' 이라는 심리이론을 만들었는데 그것은 모든 일이 긍정적이고 적극적인 자세로 의미를 부여하면서 대처할 때에 잘 감당할 수 있다는 것이다.

그 예로 그는 수용소에서 젊은이들이 죽어가는 속에서 한 노인이 꿋꿋이 살아 있는데 흥미를 갖고 연구한 결과 노인의 생존비결은 딸이 아이를 낳았다는 이야기를 전해 듣고 그 손자를 한번 보지 않고는 절대로 죽을 수 없다는 간절한 희망(소망) 때문이었다고 한다.

이와 같이 극한 상황에서도 좌절하지 않고 소망을 이루기 위해 긍정적이고 적극적인 자세를 가지고 대처해 나간 사람들은 잘 극복해 낼 수 있었으며 결국에는 살아날 수 있는 기회가 있어서 모두 살아났다.

낙심은 누구에게나 다 찾아오는 공통분모이다. 낙심으로 지옥의 생활을 할 것인가? 아니면 벼랑 끝에서도 긍정적이고 희망적인 생각으로 낙심을 극복하는 삶을 살 것인가?

중요한 것은 이 낙심이 찾아올 때에 어떠한 사고를 하며 대처하는가 하는 것이다.

마음의 온도

사람에게 늘 보존돼 있는 열의 온도는 36~37도이다. 몸의 온도는 36~37도이지만 마음의 온도 즉 표준은 이웃을 사랑하는 일이다.

체온이 36~37도가 변하면 고통이 오는 것처럼 우리 마음에 이웃사랑이 변하면 마음에 고통, 멸시, 죄악이 들어온다. 우리가 타인과의 관계에서 일체감을 가장 쉽게 가질 수 있는 행위는 자선의 사랑이다.

한 청년이 추운 겨울에 직업을 잃게 되어 체면 불구하고 구걸을 나서야만 했다. 어느 고급식당 앞에 서서 한 쌍의 부부에게 동정을 구했다.

"미안하오. 잔돈이 없소." 남자의 대답이었다.

이때 함께 가던 부인이 남편이 퉁명스럽게 거절한 것을 알고, "이렇게 추위에 떨고 있는 사람을 밖에 두고 어떻게 우리만 들어가 식사를 할 수 있어요?" 하면서 "여기 1달러가 있습니다. 음식을 사 잡수시고 용기를 잃지 마세요. 그리고 직업을 찾도록 기도하겠어요."

청년은 "부인, 고맙습니다. 부인은 저에게 출발과 새 희망을 주셨습니다. 부인의 은혜를 결코 잊지 않겠습니다."라고 말했다.

이때 부인은 "당신은 하느님의 떡을 먹는 것입니다. 이 떡을 다른 사람에게도 주시도록 노력하세요."라고 다정히 말하고 안으로 들어갔다.

1달러를 받은 청년은 50센트를 남기고 50센트로 요기를 했다. 이때 그 청년의 앞에서 한 노인이 자기를 한없이 부러운 듯 바라보고 있었다. 그는 나머지 50센트를 꺼내어 노인에게 빵을 사 주었다. 그런데 노인은 먹던 빵을 조금 떼어 종이에 싸고 있었다.

"내일 먹으려고 싸갑니까?"하고 청년이 물어 보았다.

"아니오, 저 길가에 꼬마 신문팔이가 있어요, 그 녀석에게 나누어 주려고 하오." 두 사람은 빵조각을 가지고 아이에게 갔다. 아이가 맛있게 빵을 먹는데 집 잃은 개 한 마리가 다가왔다.

아이는 나머지 빵조각을 개에게 주었다. 그리고 기쁨으로 신문을 팔려고 뛰어가고, 노인도 일감을 찾으러 갔다.

"나도 이렇게 있을 수 없지."라고 중얼거리며 청년도 집 잃은 개의 목에서 주소를 찾아 주인에게 돌려주었다. 개를 찾은 주인은 너무 고마워하면서 10달러를 주었다.

그리고 명함을 주면서 "당신과 같은 양심적인 사람을 내 사무실에 고용하고 싶소. 내일 나를 찾아오시오." 그 청년은 비로소 작은 빵 속에 내재되어 있는 새로운 생명의 움직임을 느낄 수 있었다.

이 얼마나 흐뭇한 이야기인가.

옛날부터 우리 조상들은 품성이 착한 민족이었다. 논밭에서 일하다가 들밥을 먹을 때 식사하기 전에 먼저 밥을 한 숟가락 떠서 풀밭에 던지면서 '고수레' 하고 말한다.

지금 배가 고파서 이 밥이 부족할 것 같은데도 우리의 조상들은 '고

수레'로 사랑을 실천하였다. '풀밭에 사는 벌레나 개미들도 뭘 좀 먹여야 살 것 아니냐. 내가 넉넉할 때 남에게 주는 것은 그리 귀한 일이 아니다. 비록 미물이지만 내가 넉넉하지 않을 때 밥 한 숟가락 나눠 먹는 것이 사람 사는 도리'라고 생각했다. 또한 우리의 조상님들은 흉년이 들어 먹을 것이 귀한 해에도 감나무에서 감을 딸 때 한 두어 개 정도는 그냥 '까치밥'이라는 이름으로 남겨 두었다. 이는 참새나 까치 등 산 짐승이나 들짐승들에게도 맛있는 과일을 먹어 보게 하려는 우리 선조들의 착하고도 헌신적인 품성의 발로였다.

세계 여러 민족이 많지만 우리들처럼 굶주림 속에서도 '고수레'나 '까치밥'으로 들짐승, 날짐승에게까지 인정과 자선을 베푸는 아름다운 풍속을 가진 민족은 없었다. 세상이 각박하다지만 아직도 익명으로 이웃을 돕고 있는 따뜻한 마음들이 있는 한 우리는 절망을 희망으로 바꾸며 다시 일어설 수 있을 것이다.

난방이 안 되는 실내에서 떨다보면 한 가닥의 햇볕에도 위로를 받고 의지하게 된다. 경제사정이 힘든 시기라고 마음 씀씀이까지 각박해지면 안 된다. 경제위기로 선물 줄 곳이 더 많아졌다. 조상들의 착한 심성을 본받아 '사계절 산타클로스'들이 사회 곳곳에 많이 나타나야 한다. 우리는 서로의 마음을 따스하게 녹여주고 밝혀주는 긍정적인 말, 희망의 말, 사랑의 말을 함으로써 생활의 어려움을 이겨나가야 한다.

사랑할 사람을 사랑하는 것은 사랑이 아니고, 그렇지 않은 사람을 사랑하는 것이 참사랑이다. 즉, 아버지가 자식을 사랑하는 것은 당연한 일이고 남편이 아내를 사랑한다는 것은 더욱 당연한 현상이다. 우리 서로 더 많이 사랑하고 격려하며 용기를 북돋우자. 자선의 실천, 그

것은 마음의 온도를 36~37로 유지하는 것으로 기독교의 사랑이요, 불교에서 말하는 보시다.

베풀고 나누는 삶은 자신의 내세에 복을 짓는 일이며 행복을 주는 삶이다.

판사가 물렁하면

재벌2세의 속칭 '맷값 폭행'이 사회에 커다란 충격을 주고 있는 요즘, '낙동강 소송'을 맡은 진보 성향의 꼬리표를 달고 있는 부산지법 M부장판사의 판결문이 눈길을 끈다.

"사업시행에 따른 문제점이 인정된다고 하더라도 사업시행의 계속 여부, 그 범위를 판단하는 문제는 사법부가 감당하기에는 버거운 주제임에 틀림없다." 여기엔 M판사의 고민이 그대로 담겨있다. 그는 진보성향의 판사로 개인적 성향이 반영되지 않을까 하는 전망이 나오기도 했다. 판결문처럼 사업의 적절성 여부는 유보한 채, 철저히 법적 정당성만을 검증한 결론을 내놨다. "판사는 사실과 법률, 결론이라는 프로세스를 따를 뿐"이라며 "정해진 법에 따라 판결하는 것이고 그에 대한 평가를 받으면 된다."는 그의 말에서 재판관의 고뇌를 느끼게 한다.

준법정신은 한 국가 한 사회를 이끄는 기본질서이다. 선진국일수록 법은 엄격하다. 미국의 대통령은 취임식을 할 때 왼손은 성경 위에 얹고 오른손은 대법원장을 향해 들고서 선서를 한다. 이는 미국사회의 법의 지배원리를 극명하게 나타내는 한 장면으로 모든 사회의 구성원들이 그 질서를 유지하는 법의 존엄성과 정당성에 조금도 이의를 제기할 수 없다. 그만큼 법의 제정이 객관성과 공정성을 유지하고 있다. 또한 국민적 합의에 의해 만들어진다. 법은 지위나 계층을 초월하여 만민 앞에 평등하게 집행된다. 그러기 위해서는 국민이 사법부(재판관)를 신뢰하여야 한다.

세계의 지성이자 양심으로 존경받는 버트란트 러셀이 反核데모를 주도했다 하여 질서문란죄로 재판을 받을 때 "나는 양심의 법을 따라 행동하고 재판부는 질서의 법을 따라 할 뿐이다."라고 진술했다. 자기 자신은 떳떳한 일을 했다는 신념을 굽히지 않지만 그렇다고 법이 내리는 판결에 불복하지 않겠다는 준법정신 즉, 재판부의 판결에 승복하겠다는 마음의 자세다.

온 세계가 지켜보는 무언의 압력과 러셀의 무죄를 주장하는 여론 속에서 진행된 재판에서 재판장은 30일간의 구금선고를 내렸다. 당시 재판장은 전 세계 지성인들이 추앙하는 80고령의 노인 러셀을 감옥으로 보낸다는 것이 여간 마음에 걸리는 일이 아니었을 것이다. 러셀을 훈방으로 석방해주면 양심적인 법관으로 여론의 환영을 받는 인물이 될 수도 있었을 것이다. 그러나 그는 질서의 법에 따라 구금 선고를 내렸다. 심경을 묻는 기자들의 질문에 재판장의 대답은 단 한마디 "나는 영국의 법관이오."

오래된 이야기지만 영국의 幼年학교에서 한 소년이 다른 학생 돈을 훔쳤다는 혐의로 퇴교를 당하자 결백을 주장하는 소년을 위해 부모가 정식재판을 청구했다. 그러나 절반 군인인 미성년자가 정부를 상대로 고소할 수 있는 법적 근거가 없었다. 1년 반이 지난 어느 날 변호사가 중세기 때의 케케묵은 법령 하나를 찾아냈다. 드디어 재판이 열리고 판결의 날이 되었다. 그러나 결심공판이 시작되었는데 문제의 소년은 나타나지 않았다. 10분 늦게 들어 온 소년에게 변호사가 물었다. "넌, 어디가 있었느냐?" "영화 구경 갔었어요." "넌 판결이 걱정되지도 않느냐?" "아뇨, 전 우리나라 재판관님을 믿거든요." 이렇게 소년은 밝은 미소를 띠며 대답했다.

재판관에 대한 신뢰는 한 두 사람만으로 안 된다. 오랜 세월을 두고 모든 법관들이 어떠한 압력에도 굴하지 않고 공정하게 법을 집행해 온 전통이 있어야 한다. 그 압력은 권력일수도 있고, 인정의 눈물일 수도 있고, 때로는 관습과 편견, 혹은 여론의 압력일 수도 있다.

법정의 존엄은 재판관의 권위에서 나온다. 그 권위는 법관이 엄숙한 법복을 입고 높은 法臺 위에 올라앉고 가혹한 벌을 내린다고 생기는 것이 아니다. 법이 그 존엄성을 상실하고 법원이 권위를 상실하고 국민들이 만만히 보기 시작할 때 법은 법으로서의 효력을 상실하게 될 것이다. 법 앞에서는 예외가 없다. 법 적용은 사회구성원 각자에게 공정하게 적용되지 않고는 건전한 사회가 이루어질 수 없다고 본다.

법관은 오직 헌법 제103조에 명시된 바와 같이 헌법과 법률(즉, 질서의 법)에 의하여 그 양심에 따라 독립하여 심판하여야 한다. 서양의 격언 중에 "판사가 물렁하면 법도 물렁해진다."는 말이 있다. 판사가 물렁하면 그 사회는 희망이 없다. 정의가 살아 숨쉬는 싱싱한 사회가 되려면 사법부가 모든 국민 누구에게나 신뢰받는 마음의 귀의처가 되어야 한다.

사랑의 주파수

사람은 저마다 고유한 주파수를 가지고 있다.

깊은 슬픔을 가지고 있는 사람은 슬픈 주파수를 내보낸다. 다른 사람을 사랑하는 사람에게서는 사랑의 파동이, 남의 결점이나 잘못에 관심을 두고 생각하고 비난하는 사람에게서는 불안과 고통의 파동이 일어난다. 그 정도가 심해지면 병에 이르게 된다. 자기의 주파수는 다름 아닌 자신의 마음에서 나온다.

어느 정신병원에서 과거 몇 년 동안 이 병원에 입원한 모든 환자의 기록을 조사해서 긴장과 불안감으로 고통 받는 사람들에게 어떤 공통적인 요소나 특징이 있는지를 찾아보았다. 그러자 모든 환자들에게 공통적인 요소가 있었다. 그것은 다른 사람들의 결점을 찾아내고 남을 비판하는 태도였다. 어떤 일이 잘못되었다는 것을 남에게서 찾아내어 책망하고 비난하려는 자세, 남의 잘못을 말하고 생각하며 못마땅하게 생각한다는 한가지 증세가 모든 환지들에게 공통적으로 있었다는 것이다. 그들은 어떤 점에서 남이 잘못되었음을 늘 생각하고 있는 사람들이라는 것이다.

그러나, 인간에게 있어서 중요한 것은 결점이 아니다. 셰익스피어의 희곡은 역사상, 또는 지리상의 잘못 투성이다. 그러나 그러한 점을 끄집어내어 비판하는 사람은 찾아볼 수 없다. 장점이 너무나 많기 때문에 결점이 눈에 띄지 않는 곳으로 숨어버리는 것이다. 우리들이 타인에게 이끌리는 것도 결점이 없기 때문이 아니라 자석처럼 사람의 마음을 끄는 장점이 있기 때문이다.

그리스도는 천구백년 전 유대의 암산에서 "비판을 받지 않으려거든 남을 비판하지 말라."고 갈파했다. 그리스도보다 5백년 먼저 태어난 석가는 "미움과 미움으로 대하면 증오는 영원히 없어지지 않는다. 사랑과 용서로 대할 때 미움은 없고 마음의 평화를 얻는다."는 가르침을 우리에게 주었다.

바람직한 인간관계는 남의 결점을 들추어 잘못을 지적하는 것보다 장점을 인정하는 사랑의 주파수와 파동이다. 그러므로 그 사람의 이름만 들어도 기분이 좋아지는 사람이 있는가 하면, 얼굴을 떠올리면 괜히 언짢아지는 사람이 있다. 우리들을 괴롭히는 피로와 불안, 고통은 대부분 정신적인 원인에서 온다. 아가페적인 사랑과 용서는 사람들 상호간에 큰 유익과 정신적 행복을 주는 것이다. 그러므로 우리는 허다한 허물을 지적하는 사람보다는 덮어주는 사람으로, 세상의 모든 일마다 좋을 호好로 생각하는 긍정의 눈으로 이 세상을 보는 현명함이 있어야겠다.

조국은 나의 어머니

프랑스 소설에 이런 이야기가 있다. 연대장이 열병을 하면서 피에르란 사병 앞에 멈춰서서 물었다. "귀관! 조국이 뭐냐?" 피에르는 잠시 머뭇거리다가 대답했다. "예, 조국은 나의 어머니입니다." 연대장은 이 대답에 흡족한 표정으로 "됐어."하며 칭찬하고 그 다음 폴이라는 병사 앞으로 가서 역시 "조국이 뭐냐?"고 같은 질문을 했다. 폴은 "예, 조국은 피에르의 어머니입니다"고 큰 소리로 대답했다. 그러자 연대장은 화를 내며 "바보 같은 소리 작작해."라고 말했다. 폴은 그 이유를 알 수 없었다. 폴의 생각은 피에르의 대답에 연대장이 칭찬을 했으니까 그것을 논리적으로 해석한다면 조국은 피에르의 어머니가 되는 셈이다. 그런 논리가 통하지 않으니 그 이유를 알 수가 없는 것이다.

조국은 나의 어머니라는 표현은 논리를 초월한 詩적인 힘이다.

20여 년 전에 프랑스 '빠리장' 지가 프랑스 민족의 최대 위인이 누구냐 하는 설문결과를 낸 적이 있었다. 전쟁의 영웅 나폴레옹이 겨우 9위를 차지한 반면, 압도적인 다수로 제1위를 차지한 사람은 과학자

파스퇴르였다.

파스퇴르는 프랑스가 낳은 세균학자요, 화학자이다. 그는 산소의 연구로 유산균을 발견하고 포도주의 산화를 막기 위한 저온살균법을 고안하여 프랑스의 포도주 제조고를 5억 프랑으로 올려놓았다. 그리고 광견병의 예방 접종은 그의 최대의 업적이다. 파스퇴르가 그렇게 국민들로부터 추앙 받는 인물이 된 것은 그의 업적보다 만년에 프랑스 과학원에서 연설한 다음의 한마디 말 때문이다. "과학에는 국경이 없다. 그러나 과학자에게는 조국이 있다." 조국에 대한 사랑과 긍지를 심어준 이 한마디는 프랑스 국민들의 가슴속에 활활 타오르는 애국의 용광로가 된 것이다.

플라톤은 그의 서간집에서 인간은 자기 자신만을 위하여 태어난 것이 아니라 조국을 위하여 태어났다고 하였다. 사람이 한 세상 살아가면서 자기가 태어난 조국을 위해서 젊음과 정열을 바칠 기회가 없다는 것은 부끄러운 일이 아닌가.

'너는 네 나라를 위하여 지금 무었을 하고 있느냐?' 우리는 늘 스스로 이렇게 다짐해야 한다. 사랑하는 나의 조국 대한민국! 조국은 나의 어머니다.

우리에게는 분명히 국경이 있고 조국이 있다.

근심과 두려움

중동호흡기증후군(메르스) 공포로 전국이 떠들썩하다. 사람들은 막상 지내 놓고 보면 염려하거나 근심하지 않아도 될 일을 공연히 걱정하는 경우가 많다. 별것도 아닌 일을 확대 해석하고 과대포장을 해 밀려오는 공포가 우리를 불행하게 한다. 적절한 치료를 하면 낫는 병에도 금방 죽는 양 그 고통을 과장 해석한다. 병에 죽는 게 아니라 병에 대한 공포 때문에 죽는다. 병균만 전염되는 것이 아니라 두려움은 더 쉽게 전염되는 것 같다.

중세 유럽에 한참 콜레라가 번질 때의 이야기다. 콜레라가 창궐하자 두려움과 공포가 대륙을 휩쓸었다. 그때 한 작가가 그 당시 사람들의 마음속에 있는 두려움을 풍자하여 이런 이야기를 만들었다.

어떤 농부가 어느 날 마차를 타고 도시를 향해서 들어가는데 길에서 어떤 부인이 손을 들었다. 농부는 그 부인을 자기 옆에 태웠다. 그 부인은 얼굴을 가리고 있었기 때문에 얼굴을 볼 수는 없었다. 농부가 그 부인에게 물었다.

“당신의 이름은 무엇입니까? 어디서 오셨습니까?” 그러나 부인은 한 마디도 대답을 하지 않았다. 해가 저물어 가자 갑자기 농부의 마음속에 섬뜩한 두려움이 다가오기 시작했다. 마차를 달리면서 계속 질문을 하자 침묵을 지키던 부인은 “나는 콜레라요.”하고 대답했다.

“왜 하필이면 당신은 이 도시에 들어가려고 합니까? 지금 너무나 많은 사람들이 이미 당신 때문에 죽어간 사실을 모르십니까? 제발 마차에서 내려 주십시오.” 농부가 애걸복걸 사정을 하자 콜레라 부인은 이렇게 말했다.

“나는 이번에 꼭 열 명만 죽일 것이요. 그러나 당신만은 안 죽일 터이니 안심하시고 계속 가게 해 주시오.” “부인, 그럼 꼭 열 명만 죽이셔야 합니다.” 그렇게 해서 농부는 콜레라 부인으로부터 열 명만 죽이겠다는 약속을 받고 드디어 성문에 도착했다. 그런데 벌써 성문 앞에는 수많은 시체들이 즐비하게 드러누워 있었다. 수천 명이 죽어 갔다. 농부는 화를 내면서 따졌다.

“부인, 약속이 틀리지 않소! 열 명만 죽이겠다고 하고서 이 수많은 시체가 웬 말이요?” 콜레라 부인이 이렇게 대답했다.

“나는 아직 한 사람도 죽이지 않았소. 이 사람들은 내가 온다는 소식을 듣고, 두려움에 질려서 미리 다 죽어 버린 사람들이요.”

이 풍자적인 이야기는 우리가 ‘두려워하고 있는 대상’ 그 자체보다도 그 ‘대상에 대한 두려움’ 이 얼마나 우리의 삶을 파괴하며 약탈해 가는지를 알려주는 이야기이다. 사람들은 실제 병으로 죽는 것이 아니라 병에 대한 공포 때문에 죽는 경우가 더 많다고 한다.

우리 속담에도 '난리에 죽는 것이 아니라 겁에 죽는다' 는 말이 있다. 정신적인 불안과 두려움은 인간의 마음을 분열시킬 뿐아니라 육체까지 파괴하여 결국은 건전한 삶을 죽이는 '죽음에 이르는 병' 이 된다. 우리 마음은 자력과 같아서 내부에 두려움이 있으면 온갖 두려움의 대상들이 몰려온다. 두려움의 실체란 두려움의 대상보다는 마음의 작용에 의해 일어난다.

한 보고서에 의하면 40%의 사람들은 결코 일어날 수 없는 일에 대하여, 30%는 아무것도 할 수 없었던 과거에 대하여, 12%는 상상에 의해서, 10%는 사랑하는 사람에게 닥쳐올지도 모를 일에 대하여 걱정하고 있으며, 단지 8%에 해당하는 사람만이 타당성이 있는 걱정을 한다는 것이다. 걱정의 92%는 사실 불필요하다는 것이다. 그것이 현실적이든 비현실적이든 걱정과 염려는 사람들의 마음을 구속하여 불행하게 하고 무력하게 하는 것이다.

로버트 버텟트라는 사람은 "내가 무엇에 대해 결코 근심하지 않는 날이 일주일에 이틀 있다. 이 두 근심 없는 날은 두려움과 공포 없이 성스럽게 보호되고 있다. 이 두 날 중의 한 날은 어제이다. 그리고 내가 걱정하지 않는 또 다른 날은 내일이다." 고 하였다. 그의 말처럼 어제의 문제와 걱정 근심을 미리 내일의 문제로 근심하지 말고, 오늘에 초점을 맞추어 하루하루를 최선을 다해 낙관적이고 희망적인 의지를 가지고 살아가자. 모든 것은 우리 각자의 마음가짐에 달렸다.

갠지스 강의 창녀

예전에 바다의 조수潮水와 힘겨루기 한판을 벌인 왕이 있었다. 주인공은 바이킹족의 왕손이며, 카누트 또는 쿠누트로 알려진 현명한 군주다. 그는 지혜로운 전사戰士로서 짧은 생애(994?~1035)에 잉글랜드 덴마크. 노르웨이 왕이었음은 물론 스웨덴의 일부까지 정복하여 통치하였다. 평소 "대왕의 권세가 막강하오니 명령만 내리신다면 바다의 조수도 물러나게 하실 수 있을 것입니다."는 주변 아첨꾼들의 말에 귀가 솔깃했던지 수행원들을 거느리고 바닷가에 나아가 근엄하게 외쳤다. "파도야, 물렀거라." 결과는 자명했다.

그러나 현명한 왕도 다스리지 못한 자연의 흐름을 미천한 창녀의 신분으로 갠지스강을 거꾸로 흐르게 한 기록이 불교 미란다 왕문경王間逕이라는 경전에 실려 있다.

어느날 아쇼카왕이 근신과 호위병들을 거느리고 유유히 흐르는 갠지스강에 이르렀다.

왕의 모습을 보려고 가까운 도시와 지방에서 백성들이 구름처럼 모여들었다. 이때 아쇼카왕은 군중을 향해 갠지스강을 가르키며 엉뚱한 질문을 던졌다.

"여봐라! 이 많은 사람 중에 저 갠지스 강을 거꾸로 흐르게 할 자는 없는가?" 뜻밖의 질문에 근신과 호위병 그리고 백성들 할 것 없이 모두 어안이 벙벙했다.

모두 왕의 의중을 헤아릴 길이 없어 황송할 뿐이었다. 왕은 다그쳐 묻는다.

"저 강물을 거꾸로 흐르게 할 자가 정녕 아무도 없더란 말이냐?"

이때였다. "제가 한번 해보겠습니다!" 목소리의 주인공은 여자였다. 모든 사람들의 시선이 그녀에게로 쏠렸다. 왕이 앞으로 나오라고 하자 왕 앞에 나와 큰절을 올리는 여인은 미천하고 야해 보이는 모습이었다.

"그대가 강물을 거꾸로 흐르게 하겠다고?" "예, 사람이 진실되게 살기만 한다면 강물이라도 거꾸로 할 수 있다고 하였습니다. 제가 한 번 강물을 거꾸로 흐르게 해보겠습니다."

여인의 자신만만한 소리에 군중은 웅성대기 시작했다.

"좋다! 강물을 거꾸로 흐르게 해보라!" 왕이 명령하자 여인은 강물을 향해 외쳤다. "갠지스강아 거꾸로 흘러라!" 여인의 외침이 그치자마자 엄청난 소용돌이 소리가 천지를 진동하기 시작했다. 그리고 강물을 보니 거대한 소용돌이가 치더니 물이 역류하여 거꾸로 흐르기 시작하지 않는가? 왕과 군중은 눈을 의심했다. 그러나 그들은 분명 거꾸로 흐르는 강물을 두 눈으로 확인 할 수가 있었다. 강물이 다시 제대로 흐르기 시작했을 때, 왕은 물었다.

"너는 누구이기에 강물까지 거꾸로 흐르게 할 수 있단 말이냐? 너에게 힘을 주는 자 누구인가?" "진실의 힘입니다."

"대체 너는 무엇을 생업으로 삼고 있기에 그토록 진실하단 말이냐?" "저는 몸을 팔고 있는 창녀娼女이옵니다." "창녀?" 왕이 나무란다.

"네가 창녀라면, 어떻게 너에게 진실의 힘이 있을 수 있느냐? 너야말로 부도덕하고 타락한 자로 남자들을 유혹하여 돈을 갈취해서 살아가는 못된 계집이 아닌가?"

그러자 여인은 당당하게 대답한다. "대왕이시여! 말씀하신 그대로입니다. 저는 바로 그와 같은 천한 몸입니다. 그러나 저에게는 진실을 실행하는 힘이 있어 제가 하려고만 하면 방금 갠지스강을 거꾸로 흐르게 했듯 세상을 바꿔 놓을 수도 있습니다."

왕은 놀란 눈으로 다시 물었다. "네가 말하는 진실을 실행하는 힘이란 무엇이냐? 어디서 그런 힘이 나온단 말이냐?"

여인의 대답은 이랬다. "저는 비록 몸을 파는 미천한 신분이지만 귀족이든, 바라문이든, 평민이든, 노예든 저에게 돈을 주는 사람에게는 평등하게 대합니다. 신분이 높다고 해서 특별히 존경한다든가, 노예라 해서 경멸한다든가 하는 일이 없습니다. 저는 좋고 싫고를 떠나서 저의 몸을 사는 사람에게는 최선을 다해 모시고 평등하게 봉사를 합니다. 이것이 제가 진실을 실행하는 근거이며, 그 힘에 의해 거대한 갠지스강이 거꾸로 흐른 것입니다."

이 이야기는 서기 2세기 후반에 서북 인도를 지배한 바가 있는 그리스인 미란다왕이 불교 승려인 가나세나 존자에게 불교 교리에 관한 질문을 던져 가르침을 받은 것을 대화 형식으로 서술한 경전인데 바라문교와 그 당시에 엄격한 카스트 제도에 반대하여 만민평등의 사상을 주장했고 인간의 차별적 대우를 반대한 석가의 인간평등 사상을 잘 나타내고 있다.

비록 몸을 파는 미천한 신분의 창녀이지만 빼앗는 마음보다는 주는 마음을, 부정한 마음보다는 청정한 마음을, 거짓된 마음보다는 진실한 마음을, 정실에 매이지 않고 사람을 평등하게 대하는 창녀의 행동과 비교할 때 과연 우리 중에 일반 창녀보다 낫다고 큰소리 칠 사람이 얼마나 될까?

마음만 먹으면 일개 창녀도 갠지스강을 거꾸로 흐르게 할 수 있다는데 우리 모두 진실되게 살며 힘을 합한다면 어떠한 기적도 이룰 수 있을 것이다. 인간은 누구나 소중하다. 모든 사람들이 인간 생명의 경외심을 갖고 서로가 존중하면서 살아가는 사회가 되기를 소망해 본다.

| 서평 |

차달숙 문학의 진경

– 작가로의 변신과 삶의 진정성

박양근
문학평론가, 부경대 교수

차달숙 작가를 세우며

차달숙 작가가 걸어오고 있는 길은 외줄기가 아니라 세 줄기 길이다. 그는 무인이고 문인이며 인간이다. 20여 년 동안 군 복무를 마치고 수필과 운문과 칼럼을 통해 문인의 생활을 본격화하였다. 고향과 부모에 대한 감수성 있는 추억, 문단에 대한 애정과 사회를 지켜보는 행동주의가 그가 거쳐 온 인생의 길을 이룬다. 사람들은 작가로서 문학의 외길을 지켜오는 것을 자랑한다. 문인의 길과 생활의 길을 병행하기는 현실적으로 만만치가 않다고 말한다. 하지만 차달숙은 남다른 노력과 성실로써 문학과 인생과 직업 사이에 균형을 이루었다.

그를 작가로 만든 것은 무엇일까. 작품에 투영된 그의 성장 시절을 조합하면 순탄하지도 넉넉하지도 않았다. 그는 창녕군 최남단의 남지읍에 인접한 '낙동강변의 가난한 나루터 마을'에서 태어났다. 그에게 나루터는 세상으로 나아가는 출구였고 연어처럼 회귀하는 정신적 입구이다. 나룻배로 오가는 사람들과 문물을 지켜보면서 그는 바깥 세상으로 달려 나가야 하고 언젠가는 돌아와야 한다는 운명을 깨달았다. "낙동강변 나루터 마을"은 문학에서만 살아남은 공간인 셈이다.

차달숙의 문학은 그리움과 외로움과 상실감을 노래한다. 산문집으로 세 번째이고 수필집으로는 처음 상재한 『추억 자리에 서서』는 청춘기와 성년기와 지천명을 넘겨 본격화한 문학을 위한 정신적 자양분을 자아낸다. 낙동강을 영혼의 길로 삼음으로써 떠남과 돌아옴, 흘러감과 머묾이 교차하는 독특한 세계를 형성하였다. 군대라는 직장조차 그에게는 유랑이었고 인생 자체도 회전목마였다. 나루터가 그의 영혼의 안식처이므로 문학을 통해 인간들이 감동하는 지도를 그려낼 수 있다.

차달숙 작가가 말하고 읊고 노래하는 문학적 장르는 산문과 운문과 칼럼으로 구성된다. 주제와 소재에서는 사라진 것에 대한 향수와 문단에 대한 애착과 사회에 던지는 강직한 언변으로 나누어진다. 그의 문학적 세 길을 통해 작가의 삶에 투영된 시대상도 살필 수 있다는 점에서 그의 문학이 지니는 심리적 두께는 두텁다고 하겠다.

펼치며1 : 삶의 근원과 뒷모습들

차달숙 작가는 수필화자로서 40여 년 전에 떠나온 낙동강변의 조그만 나루터에 서 있다. 그는 「추억 자리에 서서」라는 수필에서 "그곳에는 내 삶의 근원이 숨 쉬고 있다"고 말한다. 삶의 근원이 낙동강과 나루터에 있다는 점을 빼면 차달숙의 어제와 오늘을 산업화와 도시화를 맞이하면서 고향의 풍경은 매몰되었다. 작가는 저항이라도 하려는 듯 집터를 언어로 복원하려 한다. 작가에게는 잃어버린 시간을 되살려주는 언어라는 불쏘시개가 있다는 점은 얼마나 다행스러운가. 마찬가지로 그의 마음속에서 우러나오는 언어는 그리움과 아쉬움의 향수를 부활시킨다. 공장 건물과 임대아파트가 점령군처럼 자리 잡았던 고향에 꽃이 다시피고 고향에 아버지의 어깨를 눌렀던 지게도 되살아난다. 그 가운데 변하지 않은 것이 하나 있다. 그것은 논물이 흘렀던 '긴 수로'이다. 그 수로를 따라 연어처럼 과거의 시간으로 돌아간 작가는 사라져버린 가족의 뒷모습을 다시 지켜본다. 다시 차달숙에게 문학이란 삶이 펼치는 스토리와 상상이 재결합하는 시간이며 공간이라는 뜻이다.

차달숙이 기억하는 부모는 전형적인 농군과 농부農婦이다. 그들은 하루 종일 논밭에서 일을 하였고 어미닭이 병아리를 지키듯 자식들을 지켜냈다. 차달숙이 그려내고 싶은, 그려낼 수밖에 없는 「아버지와 소」의 이미지는 '노동'이다. 아버지를 볼 때마다 소를 떠올렸고 지금도 소를 떠올리면 아버지가 생각난다. 우직한 시골 가장이었던 아버지에 대한 존경은 소에 대한 예찬과 일치할 수밖에 없다. 가장이 필사적으로 지키고 싶은 땅과 가족이야말로 남자이게 하는 소중한 미덕이라는 점에서 아버지와 소는 삶의 지혜를 그에게 가르쳐준 스승이다.

아버지의 인격성을 간접적으로 보여주는 동물로서 소 외에 닭이 있다. 시골에서 자랐던 차달숙에게 소와 닭은 단순한 가축이 아니라 인격적 상징체로 등장한다. 그중에서 닭은 "남성이 갖추어야 할 이상적인 남성상"을 대변한다. 「닭대가리가 어때서」는 닭이 지닌 문무용인신의 미덕을 은유한 수필이다. 닭을 통해 남성의 자존심을 구현하는 작가의 내면에는 농촌의식이 탄탄하게 구축되어 있다. 이러한 사실은 시골을 떠나 도시인으로 살고 있을지라도 원천적으로 계산이 빠른 사회풍조를 거부하고 자연 자체를 공경하는 사람이 되겠다는 의지의 표명으로 볼 수 있다.

28주년 기일을 맞이하여 헌정된「사부곡」은 선친의 이미지를 "지게 하나로/ 산을 짊어지고/ 들판을 통째로 져 나르던/ 강물"로 형상화되어 있다. 지게로 산을 짊어질 수 없고 들판도 짐 져 나를 수 없다. 그러나 작가에게 아버지는 태산조차 옮길 수 있는 위대한 영웅으로 각인되어 있다. 그 아버지가 삶의 나루터에 다다르면서 "홑이불도 버거워하시던 모습"이 되었음을 탄식한다. 인간은 누구나 세월의 강물을 거스를 수 없다. 작가는 나루터 마을을 떠올림으로써 아버지를 되돌려보내드린다. 이것이「추억 자리에 서서」,「아버지와 소」,「닭대가리가 어때서」가 부성을 그리워하는 3부작을 이루는 이유이다.

어머니라는 존재는 '자식 지킴이'에 일치한다.「어머니의 노래」와「어미닭의 새끼 거두기」는 모성을 구현할 사모곡 수필에 속한다. 차달숙에게 정신적 고향이 나루터 마을이라면 어머니의 가슴 속에 숨겨져 있는 고향은 친정이다. 여성에게 친정은 잊지 못하는 곳이지만 그의 어머니 경우는 특별하다.

어머니에 대한 사모의 정을 그려낼 때 작가가 선택한 세 모티프는 노들강변, 외삼촌, 시조창이다. 어머니가 애창하는 '노들강변'에는 잊을 수 없는 남동생이 자리하고 있다. 작가의 외삼촌은 한학자, 시조시인, 서예가, 그리고 부면장이었다. 외할머니가 바랑을 메고 동네 300집을 탁발하여 공들여 얻은 3대독자 외삼촌은 어머니에게 우상이었지만 일찍이 세상을 떠났다. 이렇게 보면 차달숙이 지닌 문인으로서의 자질은 외탁이라고 볼 수 있다. 혈육을 상실한 어머니는 비탄 속에서 속죄라도 하듯 자식을 키웠다. 자식에 대한 그녀의 애착은 처절하리만큼 치열했으므로 작가가 어머니의 모성본능을 재래종 암탉에 비유하는 것은 지극히 당연하다. 할머니와 어머니의 고단한 인생이 차달숙의 삶과 문학에 미친 무게는 외가의 사정을 알지 못하면 이해하기가 어렵다. 그래서 어머니의 뒷모습은 '새끼 거두기' 라는 주제에 집중되는 것이다.

차달숙의 사적 수필이 지닌 장점은 개인적 범주를 떠나 사회적 메시지로 확장된다는 점이다. 수탉의 투철한 책임감, 소의 우직한 성실성, 어미닭의 지극한 모성애는 가정이 해체되어가는 오늘의 시대에 의미있는 시사성을 던지고 있다. 새끼들이 자라면 독립해야 한다는 생태계의 이치도 사회를 건강하게 유지시켜주는 질서의 일부로 발전한다. 무엇보다 낙동강변 나루터는 인간과 사회와 자연을 동시에 응시할 수 있는 작은 우주 역할을 한다.

세상을 들여다보는 볼록렌즈 같은 그곳은 작가의 감성수필이 잉태하는 서식지이다. 아직도 거룻배가 매여 있고, 소가 밭을 갈고 닭들이 모이를 쫀다. 가난하지만 자상한 아버지와 어머니가 여전히 살아계신다. 작가가 혈육의 탯줄을 더듬고 있는 독자도 어린 시절로 돌아간다. 이 모든 것은 고단한 삶의 상처를 씻어주는 바람과 강물을 생생하게 그려내는 작가의 감각적인 사유와 문장 덕분이다. 이처럼 차달숙 수필은 사라진 것에 대한 소극적인 아픔보다는 사라질 수 없는 것에 대한 적극적인 애착을 담백하게 그리고 있다. 이것이 작가가 지금도 담아내고 있는 진경이라고 하겠다.

펼치며2 : 문학 속의 작가와 작가 속의 문학

차달숙 문학을 이루는 두 담론은 향수와 진실이다. 향수가 자전 수필이 구현하는 정조라면 진실은 작가가 사회에 전달하려는 이념에 속한다. 진실은 산문과 운문을 완성시키는 실타래로서 장년기의 문학을 완성시키는 에스프리이다. 「나의 애장수필과 나의 삶」은 작가의 삶에서 차지하고 있는 진실의 의의를 풀어내는 대표작이라고 할 만하다.

작가의 심미감이 성장한 시점은 초등학교 시절이다. 동네 이발관에 걸려 있는 푸시킨의 "삶이 그대를 속일지라도 슬퍼하거나 노하지 말라"라는 구절에 대한 특별한 반응은 작가가 지향할 문학적 진로를 예감케 해준다. 객지생활과 군대생활도 어쩌면 '삶이란 속힘을 당하는' 시련기이었을지도 모른다. 인생이란 그것을 감내해야 하는 과정이다. 슬픔조차 웃음으로 풀어내는 차달숙의 모습도 푸시킨의 시에서 비롯한다 하여도 무리가 없다 하겠다.

작가가 문학과 맺은 인연은 1982년 호국문예공모전에서 수필로 당선된 때부터 시작한다. 2003년 월간 〈한맥〉에서 수필가로 재등단 절차를 밟았던 그는 연이어 시인과 시조시인으로 등단하면서 문학적 영토를 넓혔다. 문학으로 나아가는 차달숙에게 보이지 않은 영향을 끼친 인물은 아내이다. 생전에 아내는 작가에게 운문을 공부하도록 권하였을 뿐 아니라 〈문학도시〉에서 수필가로 등단하여 부산문단에서 찾아보기 힘든 부부문인이 되었다. 작가는 부부수필집 『어머니의 팔베개』를 아내에게 마지막 선물로 바쳤으며 어쨌든 아내의 조언대로 인생의 변곡점에서 운문을 만났다. 아내의 빈자리를 비통한 눈물이 아니라 절절하게 허전함과 그리움의 시어로 풀어냈다. 그 감성의 분

출은 6권의 시집으로 완성되었다. 시적화자는 "가고 없는 빈자리를 시로 풀어낼때 울면서도 행복했다"라고 『아내의 텃밭』에서 고백한다. '사랑이 시인을 만든다' 라는 말이 있지만 차달숙 시인의 경우는 '사별이 시인으로 만들었다.' 산 자와 죽은 자의 영적 교감으로 이루어진 6권의 시집은 차달숙의 이러한 감성을 보여주는 결정판이다.

시조시인으로서 차달숙이 형상화한 존재는 "허기진 삶을 사셨던 어머니"다. 어머니와 외삼촌은 작가가 시인으로 입문하게 된 정신적 동력에 해당한다. 외삼촌은 생전에 시조시인이었고 어머니도 친가에 대한 그리움을 시조창으로 풀어냈다. 시조창은 허기진 여인의 삶을 다독거려주는 정신적 출구지만 문학에서 외탁을 한 차달숙이 어렸을 때 감성을 자극하였으리라고 짐작이 간다.

차달숙의 인격체는 두 모습을 지닌다. 사회적 이미지로서 그의 자질이 용기와 행동이라면 문학적 이미지는 눈물과 회환이라 할 수 있다. 그 중간지대에 놓인 것이 자신에 대한 진솔함이다. 「꽃남보다 훈남」, 「화장하는 남자」는 나이에 따라 달라진 자신의 외모를 연민과 유머로 풀어낸 자화상이다. 두 이야기가 남자에 대한 인간의 진정성은 "외양이 아니라 훈훈한 심성과 올곧게 걸어온 흔적"에 있음을 밝힌다면, 「나의 영원한 애창곡」은 그의 군인정신을 그려낸다. 누구에게든 인생이란 죽을 때까지 치러야 할 전쟁이다. 인생이 전쟁이라는 점은 작가가 문학의 힘으로 해결해야 할 과제이다. 실생활에서도 인간으로서 결점을 지니고 있지만 「즐겁게 살려는 노력」을 그치지 않는다. 월남파병으로 떠나는 날 어머니가 꿈속에 나타나 일러준 말을 소재로 다룬 죽음에 대한 보편적 불안감을 펼치고 있다. 죽음에 대한 두려움 때문에 월남파병을 취소하려했던 「훈장이 어른거리면 죽는다」는 그는 이후 공명심이 아니라 책무로 항상 최선을 다하게 된다. 어찌 보면 인간과 작가로서 차달숙을 존재케 하는 것은 진정성뿐일 것이다. 이것이 수필과 사와 시조를 병행하는 이유이다.

차달숙의 사회적 자아를 부각시켜준 장르는 칼럼이다. 자신을 위하여 수필을, 아내와 어머니를 위하여 시와 시조를 썼다면 작가가 자신의 사회적 자아를 구현하는 장르는 칼럼일 수밖에 없다. 칼럼은 장르의 특성상 외향적 작가의식을 비출 수 있는 산문이다. 순수문인으로 활동하기 전에 이미 차달숙은 칼럼니스트로서 활동하였다. 1999년에는 『마음따라 달라지는 인생살이』를, 2000년에는 『성공의 저 언덕을 위해』를 발간하였다. 그의 칼럼은 인간의 내면에 깃든 병리적 심리를 논하는 내적 주제와 사회의 모순을 냉철하게 비판하는 외적 주제로 나누어진다.

직책에 대한 책임의식과 적격성을 다루는 칼럼은 사회인으로서 작가의 견해를 자유롭게 표현해준다. 「직업의식」, 「떳떳한 삶」, 「어떤 부류입니까?」, 「세상을 보는 눈」과 같은 칼럼은 군대생활이 사회의식으로 환원된 예를 제시한다. 「직업의식」은 "체통과 지위에 관계없이 국가와 사회에 봉사하려는 마음자세가 올바른 직업의식"이라고 말한다. 「떳떳한 삶」은 "국가에 대한 충성 중에서 목숨 바치는 병역의 의무만큼 떳떳한 삶은 없다"고 주장한다. 「어떤 부류입니까?」는 "세상에는 껍데기로 살아가는 사람이 있고 알차고 단단하게 살아가는 사람이 있다"는 생각을 드러낸다. 「세상을 보는 눈」과 「광야의 축제」는 부정적으로 보느냐, 긍정적으로 보느냐는 신의 가르침이 아니라 인간 자신의 선택임을 밝힌다. 사회지향적 칼럼은 진지성이 삶의 질을 결정한다는 내용을 공통주제로 삼고 있다. 그의 칼럼은 세속적인 성공 방식을 제시하는 처세론이 아니다. 물질과 명예가 아니라 기쁨을 함께 나누려는 상호의식을 전파하는 점은 작가의 인문주의적 정신에서 비롯하는 것이다. 그 자율선택이 개인의 삶과 운명을 바꾼다는 것이 차달숙의 칼럼이 지닌 외연이다.

인간의 내면을 탐색하는 칼럼은 필자 차달숙을 산문정신으로 복귀시킨다. 탐욕, 근심, 두려움이라는 단어를 멀리하고 절제, 사랑, 나눔, 평등이라는 단어에 애착을 품은 칼럼은 당연히 상호신뢰와 친밀성을 갖는다. 「마음의 온도」는 한국의 전통적인 고수레문화를 보여주면서 현대사회에서는 음식과 돈뿐만 아니라 노력과 사랑도 포함되어야한다고 설명한다. 한국인의 까치밥은 인간과 자연물을 동등하게 대하는 생태주의적 표상이다. 나눔의 미덕을 물려받았던 한민족이 삭막한 도시인이 되어버린 변화를 개탄하는 「사랑의 주파수」는 미움조차 사랑으로 대할 때 마음의 평화가 이루어진다고 말하고 있다. 「갠지스 강의 창녀」는 신분이 아니라 진실의 힘이 갠지스 강의 흐름을 바꾼다는 일화로서 사람을 진정으로 섬기는 진실이 지닌 힘을 말하고 있다.

차달숙이 추구하는 문학의 본질은 절제와 희생과 봉사와 진실의 힘에 있다. 그의 문학 장르가 산문과 운문과 칼럼으로 나누어져 있을지라도 작가가 구현하려는 것은 진실이므로 이들을 하나의 틀을 이루기 위해서 진실이라는 하나의 초점에 모여들고 있음을 재확인할 수 있다.

닫으며

차달숙의 문학이 추구하는 가치관은 향수와 진실로 요약된다. 향수가 사라진 것이 아니라 사라질 수 없는 것을 이야기한다면 진실은 변하는 것보다 변할 수 없는 가치구현에 의탁한다. 그의 언어도 교훈적 경구라기보다는 감수성으로 직조한 말글로서 독자의 마음을 따뜻하게 어루만져준다. 문학이란 인간을 위로하고 유한한 운명을 받아들이는 정신을 바탕으로 한다. 그러므로 문학인이라면 부산스럽게 앞자리에 서기 보다는 보이지 않는 뒷자리에서 공감의 미학을 보여주어야 한다. 이기심의 거리에서 방황하는 오늘의 시대에 작가가 전해줄 수 있는 것은 무엇인가. 그것은 진실의 언어이면서 언어가 지닌 진실이다. 차달숙 작가는 이 점을 바탕으로 지금도 '사랑의 주파수'를 사방으로 펼치고 있다. 남지 나루터마을은 문학의 모태로서 지금도 새로운 감각과 영감을 맞이할 준비를 갖추고 있다.

松韻 **차 달 숙**

시인 / 수필가

- 경남 창녕 출생 (1946년)
- 남지중, 마산고, 한국방송대 법학과 졸업
- 육군대학, 경성대 국제경영대학원 수료
- 육군소위 임관(1966년) 보병 소대장으로 월남전 참전
- 육군 중령 예편(1986년) 보국포장 수상
- 부산시 택시운송조합 노무 · 교육부장 · 기획실장 (1986~2006년)
- 부산시 남구(수영구 분구 전) 바르게살기 협의회 위원
- 부산시 남구웅변회 초대, 2대 회장, 남구 문화예술회 부회장
- 한국자유총연맹(부산남구) 운영위원 · 자문 · 고문
- (사)부산시 월남참전용사회 수석 부회장, 수영구 회장 · 고문
- 향토예비군 교관, 대한민국 재향군인회 안보강사
- 부산상의 새마을연수원 외래교수
- 대학 시간강사, 각 기업체, 법률연수원 노무강좌 출강
- 부산시 민방위 소양교육 강사 (1988년~2012년)
- 대천리중학교 배움터지킴이 봉사활동 (2013년 3월~2014년 2월)
- 부산광역시 교통문화연수원 외래교수 (2002년 4월~2014년 4월)

- 문단활동

- 국방부 호국문예 공모 '대대장 진중수기' 입선으로 작품 활동(1982년)
- 작품집 『마음 따라 달라지는 인생살이』 상재로 수필 등단(1999년)
- 부산불교문협 입회 문단활동(2000년)
- 한맥문학사 월간 [한맥문학] 수필 재등단(2003년)
- 부산시인협회 발행 계간 [부산시인] 시 등단(2008년)
- 한국동서문학네트워크 발행 계간 [한국동서문학] 시조 등단(2013년)

- 월간 [불교세계] 편집위원, 월간 [풀뿌리] 사외 편집위원
- 계간 [문학춘추] 편집장, [실상문학] 주간, [부산문학] 편집인
- 부산수필낭송낭독문학회, 실상문학 작가회 회장
- 한국문학방송(dsb)전문위원 겸 부주간
- 한국문인협회 지회지부발전위원
- 부산불교문인협회 사무국장(2001년~2003년)
- 부산수필문인협회 사무국장(2004년~2006년)
- 부산문인협회 사무국장(2007년~2009년)

- 현재

국제팬클럽 한국본부(시분과) 회원, 한국문인협회(수필분과) 회원
한국 현대불교문인협회 회원, 한국불교문인협회 이사
부산시조시인협회 회원, 성남 시조 동인
국보문학협회 영남지역회 고문, 영호남 수필 문학회 부산 자문위원
부산불교문협 상임자문, 한국가람문학회, 실상문학작가회 회원
시사위 예술문화회 고문, 부경수필문인협회 고문
한국시낭송회, 글로벌시가람낭송회, 오륙도시낭송회 자문
월간 [국보문학] 편집위원, 한국문학신문 전국총괄 본부장
한국바다문학회 부회장, 사)한국 국보문학협회 상임부회장
부산문인협회 상임이사, 부산수필문인협회 부회장
새부산시인협회 상임부회장 겸 사무국장

- 수상

실상문학상(2004년), 한국문학인협회 문학상 수필 대상(2007년)
라이너마리아릴케 문학상 현대시 저작 대상(2009년)
제16회 한성기문학상(2009년), 청솔문학상 현대詩 대상(2009년)
문예시대작가상(2010년), 한국문학신문 제1회 기자대상(2010년)
한국바다문학상 본상(2011년), 한국문학신문 베스트칼럼니스트상(2011년)
백호문학상 낭송지도자상(2012년) 제1회 을숙도 문학상(2013년)
제7회 낙동강 문학상(2013년)

- 작품집

수필집(칼럼) 『마음따라 달라지는 인생살이』 도서출판 빛남(1999년)
『성공의 저 언덕을 향해』 도서출판 대산(2000년)
부부 수필집 『어머니의 팔베개』 도서출판 세종(2008년)
시 집 『아내의 텃밭』 도서출판 세종(2009년)
『세한의 저녁달』 도서출판 세종(2009년)
『사랑의 배접』 도서출판 해암(2010년)
『을숙도에 띄운 나의 연서』 도서출판 해암(2012년)
『지상의 저녁』 도서출판 해암(2012년)
『낙동강에 띄운 나의 연서』 도서출판 해암(2013년)
수필집 『추억 자리에 서서』 도서출판 해암(2015년)

추억 자리에 서서

인쇄일 2015년 8월 05일
발행일 2015년 8월 10일

지은이 차달숙
펴낸이 박철수
펴낸곳 도서출판 해암

등록번호 제325-2001-000007호
주소 부산시 중구 백산길 17 삼성빌딩 702호
전화 051)254-2260, 2261
팩스 051)246-1895
메일 haeambook@daum.net

ISBN 978-89-6649-076-9 03810

값 12,000원

*본 도서는 2015년 부산문화재단 지역문화예술육성지원사업의 일부 지원으로 제작되었습니다.
*이 도서의 국립중앙도서관 출판예정도서목록(CIP)은 서지정보유통지원시스템 홈페이지 (http://seoji.nl.go.kr)와 국가자료공동목록시스템(http://www.nl.go.kr/kolisnet)에서 이용하실 수 있습니다. (CIP제어번호 : CIP2015021535)